VIE ET VERTUS

DU PIEUX ET VÉNÉRÉ

MICHEL GUÉRIN

GU[illegible] MAIN

de l'ap[illegible]

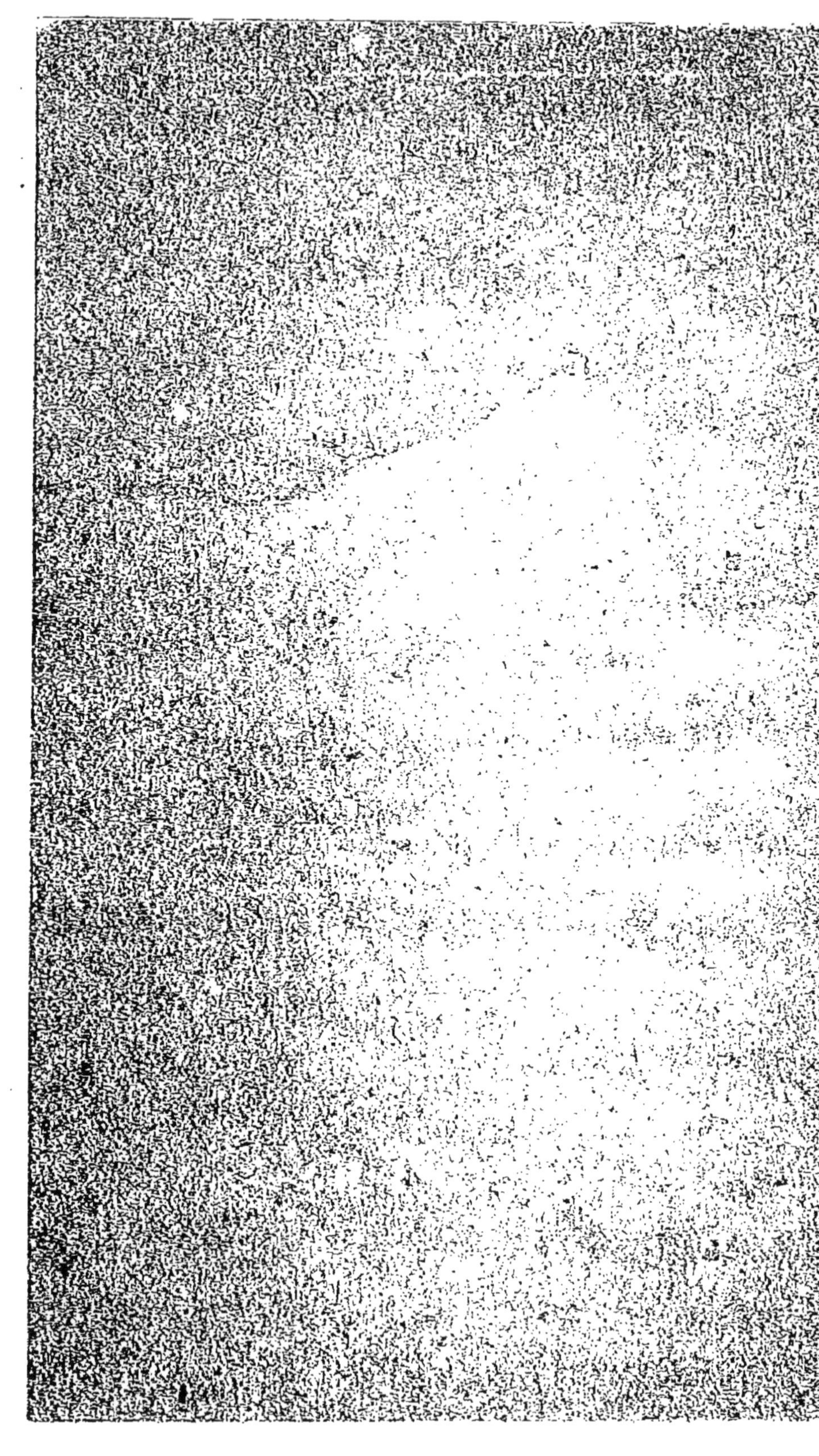

VIE ET VERTUS

DU PIEUX ET VÉNÉRÉ

MICHEL GUÉRIN

CURÉ DU PONT-MAIN

Imprimerie Eugène Heutte et Cie, à Saint-Germain.

VIE ET VERTUS

DU PIEUX ET VÉNÉRÉ

MICHEL GUÉRIN

CURÉ DU PONT-MAIN

Avec un exposé complet des faits
de l'apparition de l'auguste Vierge Marie au Pont-main,

LE 17 JANVIER 1871

PAR

UN MISSIONNAIRE APOSTOLIQUE

PARIS
CHEZ J. PHILBERT, LIBRAIRE-ÉDITEUR
RUE HONORÉ-CHEVALIER, 10
Au Pont-Main, chez Mme BEZEAU-DELOUCHE

1873

PRÉFACE

Si la foi est vivante en France, malgré tous les malheurs qui ne cessent d'opprimer l'Église parmi nous, c'est grâce au zèle ardent et au dévouement infatigable des curés, qui n'ont jamais faibli dans les labeurs de leur pénible ministère. Depuis plus de quatre-vingts ans, la révolution s'efforce de semer l'impiété et l'immoralité, mais le sacerdoce est toujours là pour arracher du sein de nos paroisses ces germes de mort, et y faire naître toutes les vertus.

C'est une vérité qui ne saurait être révoquée en doute : de même que le royaume de France a été formé, à son origine, par l'action des évêques, ainsi à l'heure présente tout le bien qui existe sur notre sol a été semé et fécondé par les mains sacerdotales de notre clergé séculier ou régulier.

La Vie du vénéré curé du Pont-main rendra visible aux yeux de tous ce qu'un prêtre selon le cœur de Dieu peut réaliser, et il y aura là, pour les fidèles, un sujet de grande édification. Il est utile, dans les temps où nous vivons, de prouver par les faits, tout ce qui est accompli tous les jours, sans bruit et sans ostentation, par les hommes à qui l'évêque a conféré le caractère sacré du sacerdoce, et à qui l'Église a confié le divin ministère des âmes.

Si l'apparition solennelle de la très-sainte Vierge au Pont-main n'eût pas mis en relief le pieux et vénéré prêtre Michel Guérin, il serait resté jusqu'à sa mort un curé dont le nom et les vertus n'auraient été connus que de ses paroissiens et de ceux qui l'approchaient. Aussi, il nous est permis de dire qu'il y a bien d'autres prêtres chargés du ministère des paroisses qui, au grand jour des récompenses éternelles, seront trouvés dignes d'une couronne dont l'éclat surpassera celle de beaucoup d'autres dont le nom remplit le monde.

Tous ceux qui daigneront lire ces pages pourront observer qu'il y a des ressemblances frappantes entre la Vie du Vénérable serviteur de Dieu Jean-Marie-Baptiste Vianney, curé d'Ars, et celle du vénéré Michel Guérin, curé du Pont-main. Dieu n'a point voulu mettre, ni dans l'un ni dans l'autre, les dons éclatants de la science qui enfle et qui est stérile; mais ils ont reçu tous les deux un don plus précieux, celui d'être des hommes de prière.

Il faut que notre siècle sache et apprenne que la chose la plus nécessaire ici-bas est surtout d'avoir le goût de prier. C'est par cette voie qu'on reçoit du ciel la lumière qui illumine l'esprit et la grâce qui nous donne la force de pratiquer la vertu. Hélas! nous savons tous combien la vaine science est stérile, et comment, en détournant nos regards du ciel, elle engendre la mort dans les âmes.

L'apostolat dans le ministère paroissial a été le caractère distinctif du Vénérable curé d'Ars, il a été aussi, sinon au même degré, du moins d'une manière très-remarquable, celui du curé du Pont-main. Dans la Vie du pieux Michel Guérin, nous verrons tous les sacrifices qui sont imposés à un pasteur, chargé du soin des âmes. Rien ne manque à ce tableau, et la croix a eu pour lui toutes ses rigueurs, mais aussi elle a porté des fruits de vie éternelle.

Il n'y a pas un seul serviteur de Dieu qui n'ait eu à subir l'épreuve sur la terre. C'est là le don de Dieu par excellence, et il faut que tous les élus du ciel participent au calice des tribulations ici-bas. Les prêtres qui liront le récit de ces croix n'en seront pas étonnés, parce que c'est là leur pain de chaque jour; nul ne fait le bien, et ne combat contre Satan, sans boire à la coupe des peines, des contradictions et des souffrances. Mais les fidèles puiseront ici des leçons qui serviront à les édifier.

La Vie du vénéré et pieux Michel Guérin a été couronnée par un événement qui rendra son nom immortel dans les annales de l'Église. L'auguste Vierge Marie, la divine Mère, souveraine Impératrice, Reine des Anges et terreur des démons, a daigné faire choix du Pont-main pour une apparition solennelle dont l'histoire gardera à jamais le souvenir. Par cette élection, le nom du vénéré curé du Pont-main survivra, et nous ne serions pas étonnés de voir le nom du pieux Michel Guérin inscrit dans les diptyques sacrés de l'Église.

Quoi qu'il en soit de nos vœux et de nos espérances, il est certain que Celle qui règne dans le monde de la gloire, sur celui de la grâce et sur celui de la nature, a choisi la paroisse du Pont-main pour y faire une merveilleuse apparition. Le vénéré évêque de Laval a porté une décision canonique sur ce fait. Or par l'assistance que le Saint-Esprit accorde aux évêques agissant dans l'exercice de leur légitime juridiction, il nous est permis de croire à la vérité de cette apparition si digne d'admiration.

Celui qui écrit ces pages n'a pas eu le bonheur de vivre dans des rapports intimes et familiers avec le pieux curé du Pont-main. Nous ne l'avons connu que lorsque nous avons visité en pèlerin les lieux où la céleste Reine des Anges a daigné apparaître; il nous a fait l'accueil d'un père et nous nous sommes séparés comme des amis. C'est une main dévouée et fidèle qui a recueilli les documents dont nous avons fait usage dans notre récit. Nous avons la certitude qu'ils sont précis et exacts. Le lecteur verra clairement que tous les détails sur les derniers moments du vénéré et pieux curé du Pont-main sont ceux d'un témoin oculaire; l'émotion du récit est si communicative que cette lecture fera couler les plus douces larmes.

A l'égard de l'apparition, nous avons exposé tout ce qui est considéré comme authentique par l'autorité ecclésiastique et par les heureux témoins de cette merveilleuse et solennelle apparition.

Nous avons traité avant tous les autres ce qui regarde la signification des symboles constatés au Pont-main dans l'apparition de la très-sainte Vierge.

Nous offrons cette Vie aux pieux pèlerins du Pont-main, et nous avons la confiance qu'elle trouvera un bon accueil auprès des prêtres et des fidèles qui vont visiter ces lieux bénis. Ce n'est pas sans de sérieuses réflexions que nous avons travaillé à ce récit; mais puisque l'auguste Vierge Marie a daigné honorer le nom du vénéré curé du Pont-main, nous n'avons pu hésiter à nous faire l'écho du ciel.

Nous déclarons ici que, soumis de cœur et d'esprit à toutes les prescriptions canoniques du Saint-Siége Apostolique, nous voulons en toutes choses nous conformer aux prescriptions publiées par l'autorité du Pape Urbain VIII, en particulier dans les années 1625, 1631 et 1634.

En conséquence, nous déclarons que ce que nous avons écrit tire uniquement sa valeur du poids des raisons et des témoignages invoqués à l'appui.

Nous offrons cette Vie aux pieux pèlerins du Pontmain, et nous avons la confiance qu'elle trouvera un bon accueil auprès des prêtres et des fidèles qui vont visiter ces lieux bénis. Ce n'est pas sans de sérieuses réflexions que nous avons travaillé à ce récit; mais puisque l'auguste Vierge Marie a daigné honorer le nom du vénéré curé du Pontmain, nous n'avons pu hésiter à nous faire l'écho du ciel.

Nous déclarons ici que, soumis de cœur et d'esprit à toutes les prescriptions canoniques du Saint-Siège Apostolique, nous voulons en toutes choses nous conformer aux prescriptions publiées par l'autorité du Pape Urbain VIII, en particulier dans les années 1625, 1631 et 1634.

En conséquence, nous déclarons que ce que nous avons écrit tire uniquement sa valeur du poids des raisons et des témoignages invoqués à l'appui.

VIE ET VERTUS

DU PIEUX ET VÉNÉRÉ

MICHEL GUÉRIN

CURÉ DU PONT-MAIN

CHAPITRE PREMIER

État de la France à l'époque de la naissance de Michel Guérin. — État et condition du père et de la mère. — La première éducation est en tout digne de parents chrétiens. — Par la prière de la mère et du fils le ciel inspire à Michel Guérin la vocation au sacerdoce. — Signification du nom de Michel qui lui a été donné au saint baptême. — En outre de nos parents selon la chair et le sang il y a aussi pour nous une généalogie spirituelle.

La France voyait s'avancer en 1801 la fin de la terrible crise révolutionnaire, qui avait commencé parmi nous en 1789. Si nos pères avaient commis des iniquités, des excès en tout genre, ils en subirent aussi une cruelle expiation. Le sang du clergé et des religieux coula à flots sur l'échafaud ; les membres de la noblesse durent payer aussi par l'effusion du sang la dette de leurs fautes. Enfin pour mettre le comble à ce qui manquait, le sang des familles françaises, sans distinction de rang, de classe et de condition, fut répandu par torrents sur tous les champs de bataille de l'Europe. Ainsi Dieu nous ramenait dans les lieux de son alliance par la verge du châtiment.

La divine justice avait fait son œuvre, l'heure de la miséricorde de Dieu allait luire à son tour. Le ciel mit donc dans le cœur du premier consul, Bonaparte, qui fut proclamé peu après empereur, la pensée de conclure un concordat avec le Saint-Siége. Par cet acte les églises furent rouvertes au culte, et le clergé, revenant par toutes les routes de l'exil, put travailler en paix à la rénovation des âmes, et rallumer le flambeau de la foi catholique. Les lois de proscription ne furent plus désormais mises en exécution.

C'est à ce moment de bénédiction pour la France que vint au monde, à Laval, le 8 juin 1801, Michel Guérin.

Son père et sa mère n'étaient pas pourvus d'une grande fortune, mais les trésors du ciel sont souvent le partage de ceux qui sont peu favorisés du côté de la richesse. Il y a dans un grand nombre de familles des biens qui n'ont pas été acquis par des titres légitimes ; aussi ils ne cessent d'être pour les enfants une source de malédiction, jusqu'au jour où la main de Dieu y exerce les arrêts de sa justice.

Le père de Michel Guérin exerçait la profession de libraire ; par là il pouvait contribuer à la diffusion du bien, en ne vendant que des livres utiles, et en repoussant tous ceux qui ne sont qu'une poison funeste pour les esprits. Mais il ne vécut qu'un petit nombre d'années, après la naissance de ce fils de grâce que le ciel avait daigné lui accorder. Une jeune sœur mourut aussi en bas âge, et il se trouva ainsi avec sa seule mère pour appui et pour guide.

Nous n'avons guère de détails précis et authentiques sur l'enfance de Michel Guérin ; mais la vocation au sacerdoce qui se développa en lui de si bonne heure suffit pour nous montrer en lui, dès ses plus tendres années, un enfant docile aux inspirations de la divine grâce. Ce que nous savons par les témoignages de ses anciens condisciples au séminaire, touchant les vertus dont il fut pour eux le modèle, et la réputation de *saint*, qu'il avait parmi eux, à son insu et sans s'en douter, nous permettent de nous faire une idée assez exacte de sa première éducation au sein de la famille.

C'est une grande grâce de Dieu de naître de parents chrétiens, dociles aux pratiques de la sainte Église, car ils comprennent que le devoir fondamental du père et de la mère est de transmettre à leurs enfants la foi catholique, comme le plus précieux des héritages. Non-seulement ils s'empressent de les porter aux fonts baptismaux sans retard, afin qu'ils cessent d'être sous l'esclavage de Satan, et de recevoir le don des vertus infuses ; mais ils veillent aussi à incliner leur âme vers tout ce qui est prescrit, au nom de Dieu, par les ministres de Jésus-Christ.

Les parents de Michel Guérin furent fidèles à leur mandat sacré. La mère devenue veuve mit toute sa consolation à élever le cœur de son fils vers les biens de l'éternelle patrie. L'illustre de Maistre nous dit que « l'enfant est formé à la vertu sur les genoux de sa mère ; » et c'est là ce qui donne à la dignité de mère son titre de grandeur et son autorité incomparable.

L'autorité paternelle et maternelle a quelque chose de divin ; comme celle du sacerdoce, aussi les paroles qu'un père et une mère font entendre à leurs enfants n'éveillent point en ceux-ci le doute ou le soupçon ; elles pénètrent jusqu'au fond de l'âme et y produisent la foi. Heureux les parents qui ne disent que des paroles de vie ; car celles-ci resteront dans l'âme de leurs enfants, comme gravées par un burin indélébile, et dans la vieillesse la plus avancée, — si leurs enfants y parviennent, — elles seront présentes à leur mémoire comme un baume qui les a toujours sauvegardés de la corruption et de la mort.

Il faut donc se représenter Michel Guérin et sa douce mère, aimant à se réunir ensemble et à prier ; c'est là où nous surprendrons le vrai secret de cette vocation au royal sacerdoce de Jésus-Christ qui est née de si bonne heure, sous le souffle de l'inspiration du Saint-Esprit et de l'auguste Vierge Marie, car il avait été élu et prédestiné pour être curé dans cette humble paroisse, où la céleste Reine du monde viendrait plus tard, au milieu des malheurs de la patrie, faire sa solennelle apparition.

Nous lisons dans le Procès de béatification du Vénérable serviteur de Dieu J.-M.-B. Vianney, curé d'Ars, qu'un jour où le saint prêtre parlait avec attendrissement de son enfance, les missionnaires, compagnons de son ministère, lui dirent : « Vous êtes heureux d'avoir senti « de si bonne heure le goût de la prière. Après Dieu, « répondit le vénérable vieillard, c'est l'ouvrage de ma « mère... Elle était si sage ! » Il nous est permis de dire que Michel Guérin aurait pu répéter en toute vérité les mêmes paroles.

Le vénérable serviteur de Dieu répétait aussi souvent cet axiome, que toutes les mères chrétiennes devraient graver dans leur cœur : « La vertu passe du cœur des mères dans le cœur de ses enfants, qui font volontiers ce qu'ils voient faire. » D'après ce principe nous pouvons voir, par les vertus du fils, celles qu'il a puisées dans le cœur de sa bonne et tendre mère. Cela suffit à faire l'éloge de celle qui a donné le jour au pieux Michel Guérin.

Il y a dans les noms qui sont donnés au saint baptême, à tous ceux que le Seigneur daigne bénir et prédestiner, comme une sorte d'indice concernant leurs futures destinées. Ce ne fut dès lors pas sans dessein que Guérin, à sa naissance, fut appelé du prénom de Michel. C'est là le nom du glorieux archange, qui se tient devant la face de Dieu et qui offre à l'Ancien des jours, selon l'enseignement de saint Jean, les prières des saints dans un encensoir d'or, devant le trône de l'Éternel. Or, notre Michel Guérin a été fidèle à la grandeur de son nom, car il a été, pendant tout le cours de sa longue vie, l'homme de la prière, qui est toujours en présence du Saint des Saints. De même, lorsqu'il sera chargé du ministère des âmes, nous verrons dans lui le prêtre ardent et zélé qui ne connait point de largesses dans ses libéralités et dans les effusions de sa tendresse envers ses paroissiens. Aussi il plaidera, avec succès, leur cause auprès du trône de la divine miséricorde et la paroisse du Pont-main deviendra telle aux yeux du ciel, que la céleste Vierge Marie en fera choix, pour y faire une merveilleuse apparition.

L'archange saint Michel est le ministre des combats du Seigneur, il lutte sans cesse contre l'enfer en faveur des âmes, et par la vertu du Très-Haut il est toujours victorieux. Il en sera ainsi pour Michel Guérin; dès les premiers pas dans la vie il aura à lutter pour parvenir à la dignité du sacerdoce. Plus tard, dès son entrée dans la paroisse, il aura à surmonter tous les obstacles, mais comme la suite de cette vie le montrera, il remportera finalement en tout la victoire. Du reste, nous verrons comment, à la fin de sa belle carrière sacerdotale, il a été victorieux, et comment il est mort en héros, victime de son zèle pour exercer les fonctions de son sublime ministère.

Nous savons donc que Guérin n'a pas été sans raison surnommé Michel. Il y a dans ce nom tout le résumé de sa mission sur la terre, et l'explication de sa destinée dans la carrière du sacerdoce. Il faut donc quitter le foyer maternel où se sont accomplis tant de mystères de grâces, dans le secret d'une prière humble, fervente et persévérante de la mère et de son fils béni.

Il ne sera pas superflu de faire ici, à l'occasion de Michel Guérin, une remarque qui a son application pour les autres serviteurs de Dieu. C'est que nous avons non-seulement une généalogie selon la chair et le sang, mais nous en avons une aussi selon l'ordre spirituel. Il est bien certain que les âmes saintes qui vouent à Dieu leur virginité ne restent pas stériles, en ce qui concerne l'ordre de la grâce.

Il suit de là qu'un enfant à sa naissance peut être l'objet de grâces spéciales, non point seulement parce qu'il reçoit le jour de parents chrétiens, mais aussi parce que Dieu se plaît à lui communiquer les influences spirituelles de plusieurs âmes saintes, qui n'ont point une descendance selon la loi de la chair et du sang. C'est là où se trouve souvent le secret des plus belles vocations en faveur de certaines âmes prédestinées. Nous n'avons aucun doute que Michel Guérin ne reçût par cette voie de grands secours, et c'est ainsi que nous comprenons le choix que le ciel fit de lui, parmi un si grand nombre de prêtres.

CHAPITRE II

Le mystère de notre vocation se révèle à nous par la lumière du ciel. — Michel Guérin commence ses études pour embrasser l'état ecclésiastique; obstacles qu'il rencontre. — La croix est ici-bas le partage de tous les élus. — Par un sacrifice héroïque de sa mère, Michel Guérin reprend ses études. — Les traits distinctifs de son caractère, selon le témoignage de ses amis du séminaire. — Vertus dont il était le modèle dès cette époque et qu'il a pratiquées jusqu'à sa mort.

La vocation au sacerdoce avait germé et était éclose dans l'âme du jeune Michel Guérin, comme une fleur qui s'épanouit sous les ardeurs vivifiantes du soleil. La divine grâce avait fécondé en lui le don de Dieu, et un jour il s'était dit : « Je suis appelé à être prêtre. » Il y a dans toutes les vocations quelque chose de merveilleux, et nulle intelligence créée n'expliquera jamais ce mystère de la grâce et ce profond secret de notre prédestination, parce que c'est là la plus grande des œuvres de Dieu, à l'égard de ses créatures douées de libre arbitre et de raison.

Dans le cours ordinaire de la divine Providence, — car il y a mille voies dans les choses de Dieu, — c'est par la prière que l'âme reçoit la lumière qui lui révèle les desseins de Dieu sur elle. La prière est la puissance par excellence ici-bas, elle est le canal de tous les biens, et le remède à tous les maux, sous le poids desquels succombe notre nature déchue et corrompue en Adam et tous ses descendants. Or, nous avons vu que Michel Guérin aimait la prière et se délectait dans ce saint exercice; dès lors, nous avons la clef du secret qui lui a révélé sa vocation au sacerdoce.

Nous savons par les documents les plus sûrs que Michel Guérin se décida de bonne heure à embrasser l'état ecclésiastique. Il ne pouvait en être autrement. Un cœur aussi pur devait pressentir la voie où le ciel l'appelait, et il devait en même temps correspondre fidèlement à l'appel de la divine grâce.

Mais il ne suffit pas de connaître la volonté de Dieu à notre égard, et d'être résolu à ne rien négliger pour l'accomplir; il advient en bien des cas des obstacles qui se dressent sur nos pas, sans qu'il soit en notre pouvoir de les écarter. Or, Michel Guérin trouva une difficulté insurmontable pour continuer ses études dans la privation de fortune de sa mère. Aussi vers l'âge de dix-huit ans il fut contraint de rentrer dans sa famille, parce que celle-ci ne pouvait suffire aux dépenses exigées par une éducation si longue et si coûteuse.

Ici nous nous trouvons donc en face de ce grand mystère de la croix et des épreuves que le ciel met infailliblement sur la voie de tous les élus. Si nous lisons les divines Écritures, elles nous apprennent avec toute l'autorité du caractère de leur inspiration divine, que dans tous les temps, à toutes les époques et dans toutes les conditions de la vie, tous ceux que Dieu a prédestinés à une vertu exceptionnelle, ont eu à souffrir de grandes tribulations, et ont eu à lutter contre les obstacles pour ainsi dire invincibles, si la divine grâce ne fût venue à leur secours.

Abraham, notre père dans la foi, après avoir vécu dans une longue attente du fils béni duquel doit naître le Rédempteur promis à nos premiers parents, après l'avoir vu naître et grandir, reçoit de Dieu l'ordre de le lui offrir de sa propre main en un sacrifice sanglant. Cet ordre était formel et il fallait se résoudre à obéir. Il est facile à tous de comprendre le déchirement du cœur paternel d'Abraham; certes il devait avoir une foi héroïque au plus haut degré, pour se résoudre à un acte si rigoureux.

L'épreuve ne pouvait être plus excessive, mais Abraham ne faillit pas, il ne se refusa pas à exécuter les ordres de Dieu, et après avoir pris son fils Isaac et l'avoir lié sur le bûcher, il allait consommer le sacrifice, lorsque Dieu prescrivit à son ange d'arrêter son bras. Il y avait là une figure, mais elle ne devait se réaliser que sur la croix du Calvaire; là l'immolation devait être pleinement consommée, sous les yeux de la plus tendre et de la plus auguste des mères, pour notre salut. Par cette épreuve, Abraham mérita d'être à jamais le père de tous les croyants et le modèle de notre foi.

Il nous sera aussi facile à tous de comprendre la grandeur du sacrifice que le ciel imposa à Michel Guérin, lorsqu'il se vit réduit à quitter le séminaire et à interrompre le cours de ses études. Plus il multipliait ses prières et plus il avait la certitude d'être appelé à la sublime et céleste vocation du sacerdoce, et néanmoins le but semblait impossible à atteindre. Qui nous redira les peines dont son cœur fut inondé, en rentrant au foyer de sa famille ? Il devenait languissant comme une fleur qui a été arrachée au sol où elle s'épanouissait.

La mère de Michel Guérin ne put rester insensible aux excès de cette angoisse mortelle. Il y eut dans elle un combat ; d'une part la prudence lui imposait le devoir de ne pas se dépouiller d'une maison qui devait lui servir d'abri ; de l'autre elle voyait les désirs de son fils. Certes celui-ci ne pouvait pas exiger un sacrifice héroïque de sa mère, mais les souffrances dont son âme était opprimée plaidaient sa cause. Sa mère ne put résister, elle se décida à vendre une maison qu'elle avait à Laval, et c'est avec cette somme que le futur curé du Pont-main put continuer ses études.

Nous savons par les documents qui sont entre nos mains qu'il s'écoula quelques années avant d'en venir à cette dure extrémité. La croix eut dès lors toute son amertume pour le jeune Michel Guérin, il put en sentir tout le poids, mais il sut trouver dans la prière l'espoir que le désir de son cœur serait exaucé. Les âmes d'élite ne fléchissent jamais au milieu des épreuves les plus rigoureuses, car la divine grâce ne cesse de les soutenir. Dieu est toujours avec nous au milieu de nos tribulations et de nos peines ; s'il se cache, il n'en reste pas moins présent dans notre cœur, pour porter en nous notre fardeau.

C'est par l'épreuve que le ciel purifie nos intentions. Il entrait dans les vues de Jésus et de Marie que Michel Guérin ne se vouât à la carrière du royal sacerdoce de

Jésus-Christ que dans le dessein de travailler à la gloire de Dieu et au salut des âmes. Il fallait dès lors passer au creuset la nature, afin de la purifier de tout ce qui n'aurait pas été céleste et divin. La victime devait être pure, parce que Michel Guérin devait être dans la sainte Église un prêtre véritablement apostolique.

Nous avons des détails authentiques sur ce que fut Michel Guérin, pendant son séjour au séminaire, où il s'empressa de rentrer, dès que sa mère put payer la pension exigée pour son éducation. Ils ont été donnés par un ancien ami qui avait vécu avec lui ; une main fidèle les a écrits sous la dictée de celui-ci et a bien voulu nous les transmettre. Ils seront ici comme un doux parfum, car le jeune séminariste va nous révéler ce que sera un jour le curé, dans sa paroisse du Pont-main.

« Michel Guérin était d'un caractère très-vif, gai et enjoué. Nous qui avons eu le bonheur de le voir à l'âge de soixante-dix ans, nous avons retrouvé en lui ces traits qui le caractérisaient dans sa jeunesse. Il avait une bonté naturelle qui était un immense attrait pour tous ses condisciples ; aussi il n'avait point d'ennemis, ni d'envieux ; il était trop bon, et tous ceux qui le connaissaient devenaient pour lui des amis. »

« Mais déjà à cette époque il se faisait remarquer par ses vertus. Tous ceux qui le voyaient de près sentaient en lui un parfum de grâce, et ils se plaisaient entre eux à l'appeler du surnom de *saint*. Quant à lui, il s'ignorait lui-même; il n'agissait jamais qu'en vue du devoir, l'ostentation lui était inconnue. Au séminaire il était donc, ce qu'il a été dans tout le cours de sa vie, une humble violette qui répand autour d'elle une odeur exquise et embaumée, mais qui se cache aux yeux de tous et s'ignore sous l'épais feuillage qui la couvre. »

« Michel Guérin, dit notre heureux témoin de ses vertus, ne se mit jamais en évidence ; au milieu de ses camarades il cherchait toujours à n'être compté pour rien et à se dissimuler. Mais il était l'homme du devoir ; nul ne s'y trompait, et si une bonne action était faite, et que l'auteur n'en fût point connu, chacun s'écriait : « Oh ! c'est encore notre saint qui a passé là. »

Tel a été le caractère distinctif de Michel Guérin, il a été généreux et bon, il s'est estimé heureux de faire le bien, mais il s'est toujours effacé et n'a tenu qu'à être ignoré. C'est là le cachet de la modestie chrétienne, c'est là aussi le fond de cette vertu, qui est le fondement de l'édifice spirituel dans notre âme, l'humilité. Or l'humilité vraie attire l'abondance des biens du Seigneur, et elle a pour compagne inséparable la pureté de corps et d'esprit et la droiture d'intention.

Si les témoins qui l'ont connu nous affirment que ces belles vertus brillaient en lui au séminaire, tous ceux qui ont eu le bonheur de le connaître dans le cours de sa carrière sacerdotale, savent qu'il est resté fidèle à les pratiquer. Nous qui l'avons vu vers la fin de sa vie, nous avons remarqué l'oubli de lui-même qui le caractérisait et les autres vertus qui jetaient dès sa jeunesse un si grand éclat.

De nos jours, chacun veut faire le bien, et se livrer à

des œuvres de zèle ; mais rechercher la dernière place, être méconnu, ignoré, sans estime, c'est ce à quoi un petit nombre se résigne ; néanmoins c'est sur l'humilité qu'il faut bâtir, si nous avons à cœur d'être inaccessibles aux tentations du démon, aux séductions du vice et à l'attrait des passions, qui semblables à des sirènes s'efforcent de nous vaincre par le charme trompeur des plaisirs de cette vie.

Une vertu aussi humble et aussi sincère que celle de Michel Guérin ne pouvait rester longtemps cachée aux yeux clairvoyants de ses maîtres et de ses condisciples. Il est vrai que la science a un prestige qui éblouit, mais la vertu qui s'élève à un certain degré a un suave parfum qui gagne et captive tous les cœurs.

C'est au séminaire que Michel Guérin cultiva avec une ardeur incomparable la dévotion envers la très-sainte Vierge, il avait pour cette céleste Mère l'amour d'un fils tendre et dévoué, aussi il multipliait les pratiques en son honneur. Il était dès lors facile de prévoir qu'il serait un jour un des grands serviteurs de l'auguste Vierge Marie, et en particulier un fidèle dévot au mystère de la Conception Immaculée.

CHAPITRE III

Le pieux Michel Guérin ne cesse de désirer d'être revêtu du divin sacerdoce. — Témoignages authentiques qui nous révèlent la manière dont il se prépare à la sainte ordination. — Michel Guérin est ordonné prêtre; son évêque est édifié de sa piété. — La puissance du prêtre au saint autel. — Merveilleux effets du saint sacrifice de la messe. — Michel Guérin est nommé vicaire à Saint-Ellier; il reçoit la mission de s'occuper de la paroisse du Pont-main. — Obstacles et difficultés dans ce ministère.

Le sacerdoce était le but de tous les vœux et de tous les désirs de Michel Guérin. Il savait, par la douce inspiration de la divine grâce, que le ciel l'appelait à cette sublime dignité, et son âme ne cessait de soupirer vers l'aurore du jour où le Pontife lui imposerait les mains et lui conférerait cette onction et ce caractère sacré.

Michel Guérin avait reçu du ciel de grandes lumières sur la grandeur du royal sacerdoce de Jésus-Christ. Du reste, il lui suffisait d'ouvrir les livres de la science sacrée pour comprendre ce qu'est un prêtre, dans le plan de la divine rédemption. Aussi il s'attendrissait jusqu'aux larmes à la pensée du nom de prêtre.

Un ami du séminaire a bien voulu nous faire connaître les détails les plus intéressants concernant son ordination pour le sacerdoce. « Jamais, dit-il, un séminariste fervent « ne se prépara mieux que Michel Guérin à la réception

« de ce sacrement qui confère une si éminente dignité. Il « était si plein de la divine grâce que ses amis recher« chaient les occasions de se rapprocher de lui, afin de « s'édifier par les ardeurs de ses paroles vivifiantes. »

« Aussi monseigneur l'évêque du Mans fut si frappé à « sa vue, qu'après la cérémonie de l'ordination, il ne « put s'empêcher de témoigner au grand vicaire qui l'as« sistait, combien ce jeune séminariste l'avait édifié par « sa piété extraordinaire. » Ce trait est suffisant pour nous révéler combien Dieu s'était plu à répandre de grâces en Michel Guérin, en l'appelant à la sublime dignité du sacerdoce.

Nous pouvons donc présumer l'ardeur avec laquelle Michel Guérin se consacra à Dieu, lorsque prosterné sur le parvis du temple, les assistants récitaient, selon l'usage et les prescriptions de la liturgie, les *litanies des Saints*. C'était bien l'immolation de lui-même qu'il faisait, désormais le monde ne sera rien à ses yeux, il n'aura qu'une pensée : glorifier son Dieu, et travailler sans trêve ni repos au salut des âmes.

Il y a dans cette cérémonie qui précède l'ordination, un grand mystère qui s'opère entre l'âme et Dieu; c'est alors que le divin Père agrée le sacrifice de l'élu. Aussi par les grâces reçues à cette heure, il est facile de prévoir ce qu'il adviendra du prêtre qui va être consacré par l'onction sainte.

Enfin Michel Guérin est ordonné prêtre. C'est à la vie et à la mort, puisqu'il a reçu un sacrement qui confère un caractère indélébile. Par sa dignité, il est un autre Jésus,

Christ, *sacerdos alter Christus.* Il a une relation de vie avec l'Homme-Dieu; désormais au saint autel, il pourra prononcer une parole incréée dans une parole créée, *Verbum increatum in Verbo creato.*

A sa voix la substance du pain entendra celle de son Créateur, le Verbe divin, et un miracle plus grand que celui de la création sera opéré : le pain ne sera plus du pain, il sera le corps de Jésus-Christ; le vin ne sera plus du vin, il sera le sang divin du Sauveur. O mystère! ô prodige, que les anges eux-mêmes ne cessent de contempler dans des transports incessants d'admiration et d'amour.

Sur la terre rien n'est plus grand que la dignité du sacerdoce. Aussi le Vénérable curé d'Ars s'écriait avec raison : « Pour dire la sainte Messe, il faudrait être un séraphin! « Je tiens dans mes mains Notre-Seigneur Jésus-Christ. « Je le porte à droite, il reste à droite! Je le porte à « gauche et il reste à gauche! Si on savait ce que c'est « que la Messe, on mourrait. On ne comprendra le bon« heur qu'il y a de dire la Messe que dans le ciel! Hélas! « mon Dieu! qu'un prêtre est à plaindre, quand il fait « cela comme une œuvre ordinaire. » (*Esprit du curé d'Ars*, p. 118.)

Michel Guérin n'a jamais mis en oubli que célébrer la sainte Messe est l'œuvre par excellence du prêtre. C'est là, au saint autel, que le prêtre participe à la toute-puissance divine; c'est là, en présence de Celui qui vit mystérieusement entre ses mains, que le prêtre est exaucé dans ses demandes.

Par le saint sacrifice de la Messe, le prêtre obtient des

grâces sans nombre, il écarte mille malédictions, il brise tous les piéges de Satan, il est la source du bien pour tous.

Heureux le prêtre qui comprend la vertu, l'efficacité, la puissance de la sainte Consécration, en laquelle réside principalement l'essence du saint sacrifice de la Messe. Il a plu à Dieu, malgré nos misères et toute notre indignité, de nous faire comprendre ce grand mystère ; aussi notre âme tressaille toujours au moment de prononcer les divines paroles qui opèrent la transsubstantiation du pain et du vin au corps sacré et au sang divin du Sauveur. Oh ! alors, les démons tremblent, et la grâce parvient partout où l'intention du prêtre la dirige avec une force victorieuse. Le saint sacrifice réjouit le ciel, il soulage les âmes dans le purgatoire, il apporte un secours aux pécheurs pour les exciter à demander pardon de leurs crimes et de leurs iniquités, il fortifie les âmes justes, il est la consolation de la terre et la suprême espérance des enfants d'Adam.

Le pieux Michel Guérin, prêtre selon le cœur de Dieu, avait appris par la lumière de la grâce, qui illuminait son esprit et dirigeait son cœur, tous les biens que le ciel a mis en dépôt dans le saint sacrifice de la Messe. Aussi à aucune époque de sa vie, rien n'a pu être pour lui un obstacle capable de l'empêcher de célébrer. Vers la fin de ses jours, il a fallu le soutenir à l'autel ; son bras était brisé, mais cela ne pouvait suffire pour l'éloigner de l'autel. Et il avait raison ; c'est Dieu qui était avec lui dans cet attrait pour nos saints mystères.

Par le saint sacrifice de la Messe, le prêtre établit un canal pour l'application des mérites du sacrifice sanglant de la croix. C'est la même oblation dans les deux mystères; si le sacrifice du Calvaire a suffi pour sanctifier pour l'éternité tous les élus, le sacrifice offert selon l'ordre de Melchisédech est nécessaire pour que la grâce parvienne jusqu'à nous et produise en nos âmes des fruits de vie éternelle.

Appelé par sa vocation au ministère des âmes, Michel Guérin fut envoyé, à titre de vicaire, par S. G. Mgr l'évêque du Mans — parce que Laval n'était pas encore érigé en évêché, — à Saint-Ellier. Il y alla aussitôt, car il avait hâte de se rendre utile pour le bien. Pontmain, qui est à une distance de quelques kilomètres, se trouvant privé de pasteur, le soin de cette paroisse lui fut confié, tout en restant attaché à la paroisse dont il était nommé vicaire.

C'est dans des circonstances bien pénibles qu'il commença le ministère ecclésiastique. Il vit là des âmes délaissées, privées de la parole évangélique, et son cœur en fut brisé de douleur. Afin de mieux connaître les âmes que le ciel avait confiées à sa sollicitude sacerdotale, il alla visiter chaque famille, et ce qu'il put apprendre plongea son âme dans une angoisse inexprimable.

Placé à une assez grande distance, il était souvent réduit à ne remplir ses devoirs que d'une manière imparfaite. Certes, ni le zèle ni le dévouement ne lui faisaient défaut; il ne tenait aucun compte de ses fatigues, mais l'omission bien involontaire de ses devoirs le jetait souvent dans les plus cruelles perplexités. Aussi l'abbé Michel Guérin ne tarda pas à comprendre qu'il était d'une urgente nécessité qu'un prêtre fût attaché spécialement à la paroisse du Pont-main.

Mais M. l'abbé Garaud, curé de Saint-Ellier, était loin de partager les vues de son vicaire. Sans trop y penser, il mettait des entraves à son zèle, il en vint même à des mesures vexatoires. Les habitants du Pont-main se virent contraints d'aller enterrer les morts au cimetière de Saint-Ellier, et le vicaire eut la défense de faire à l'avenir les enterrements dans la paroisse du Pont-main. Cet excès exaspéra la population et amena des pétitions pour obtenir un curé.

Mais avant d'aller plus avant dans ces tristes détails, il sera utile de remonter plus haut et de retracer en traits rapides quelle était la situation de la paroisse du Pont-main à cette époque, et depuis combien d'années elle était sans pasteur.

Afin qu'il soit possible à chacun de se rendre compte du bien qui a été opéré par le vénéré curé du Pont-main, dès l'année 1836, où il fut installé, jusqu'à sa mort, il est nécessaire d'exposer en peu de mots ce qu'était cette paroisse au moment où il y entra et ce qu'il l'a laissée, lorsqu'il a paru devant Dieu, pour lui rendre compte de son ministère au sein de ce troupeau béni.

CHAPITRE IV

Malheur d'une paroisse qui reste privée d'un pasteur. — Comment Pont-main fut desservie jusqu'en l'année 1829. — Etat de cette paroisse par suite des difficultés du ministère des âmes. — Le pieux Michel Guérin est nommé vicaire à Saint-Ellier; il est chargé de la paroisse du Pont-main. — Désir des habitants d'avoir un curé; obstacles suscités à un vœu si légitime. — Une pétition est adressée à S. G. Monseigneur l'évêque; elle a un plein succès. — Le pieux Michel Guérin se dévoue à solliciter sa nomination à cette pauvre paroisse. — Récit du bien qu'il opère, comme vicaire, à Saint-Ellier.

Le grand apôtre saint Paul nous dit que le prêtre chargé du ministère des âmes doit être la forme, c'est-à-dire le type et le modèle de ceux qui sont confiés par le ciel à son zèle pastoral, à sa tutelle et à sa garde. Les paroisses sont, en effet, ce que les font les pasteurs qui sont à leur tête. Un bon curé passe en faisant un bien qui subsiste pendant de longues années. Aussi le plus grand malheur d'un pays, c'est de n'avoir point de pasteur. Or c'était le cas du Pont-main depuis l'époque de funeste mémoire, où la révolution mettait à mort les prêtres, les jetait sur les pontons, ou les contraignait à prendre le chemin de l'exil.

La paroisse du Pont-main en 1789 était desservie par M. l'abbé Capdelaine; M. Bazin lui succéda. Après une période de six ans, où non-seulement Pont-main, mais toutes ces contrées restèrent privées de prêtres, le digne M. Bazin revint de l'émigration; dix ans après, il fut nommé à Saint-Ellier. Il eut pour vicaire M. l'abbé Tançay; celui-ci avait la charge d'aller dire la sainte Messe au Pont-main; il y enterrait aussi les morts.

Cet état de choses dura jusqu'à l'année 1829; à cette époque le vicaire chargé du soin du Pont-main mourut, et M. Bazin, vingt-cinq jours après; il eut pour successeur M. Garaud, dans la cure de Saint-Ellier.

Il ne sera pas sans intérêt de dire ici qu'au milieu de la révolution, il y avait dans tous les pays des prêtres intrépides et courageux, qui ne craignirent pas de s'exposer à la mort, pour administrer les sacrements en secret. Les familles qui donnaient asile à ces proscrits s'exposaient elles-mêmes à toutes les rigueurs des lois, qui décrétaient contre eux la peine de mort; aussi le ciel a répandu jusqu'à la quatrième génération et au delà la bénédiction sur tous ceux qui eurent la foi de remplir ce devoir.

Les habitants du Pont-main avaient été privés de pasteur pendant la période révolutionnaire, mais de plus, après ces jours de deuil, ils n'avaient point de prêtre parmi eux. Malgré son dévouement et son zèle, M. Tançay, vicaire à Saint-Ellier, ne pouvait suffire à remplir les devoirs de sa charge. Il est facile de se rendre compte que la prédication devait souffrir de l'éloignement du prêtre, et de même tout le reste. Certes, il n'entre point dans notre pensée d'infliger ici une parole de blâme, mais nul ne peut faire l'impossible.

Il ne faut pas dès lors nous étonner si, vers l'époque

dont nous parlons, la paroisse du Pont-main était loin d'être ce que nous l'avons vue, au moment où nous sommes venu, en pieux pèlerin, nous édifier dans ce lieu béni, où l'auguste Vierge Marie avait répandu ses célestes bénédictions, en daignant attester sa présence, dans tout l'éclat d'une solennelle apparition.

Michel Guérin, ordonné prêtre le 19 juillet 1829, fut désigné par son évêque, Mgr du Mans, pour aller occuper le poste vacant de vicaire à Saint-Ellier. Il resta dans cette paroisse pendant l'espace de quatre années, au milieu de difficultés sans cesse renaissantes, par suite des conflits des habitants du Pont-main avec M. Garaud, curé de Saint-Ellier.

Selon le droit le plus sacré, la paroisse du Pont-main désirait un curé ; en cela les vœux des paroissiens n'avaient rien que de très-légitime. L'abbé Guérin qui était chargé du soin de cette paroisse, à titre d'annexe de Saint-Ellier, bien loin de blâmer un désir si légitime y applaudissait. Dans son zèle pour les âmes il n'hésita pas à plaider cette cause devant M. le curé de Saint-Ellier. Mais M. Garaud n'entrait point dans ces vues.

Quelques habitants pleins de zèle eurent recours à M. l'abbé Garaud, afin qu'il fit des démarches pour leur obtenir un curé. Mais M. Julien Comon, maire de Saint-Ellier, ne faisait rien pour faire parvenir ces pétitions à Mgr l'évêque du Mans.

Pendant dix fois les pétitions furent renouvelées, mais toujours en vain. M. le curé de Saint-Ellier agissait en cela de concert avec le maire.

M. l'abbé Guérin joignit ses instances aux supplications réitérées des paroissiens, mais sans résultat. Il se résolut dès lors d'écrire à l'évêché. Ses lettres restèrent sans aucune réponse.

C'est alors que les choses en vinrent à un excès qui par l'éclat qu'il eut amena une heureuse solution. Il en est souvent ainsi dans les choses de ce monde. Un grand nombre de difficultés qui ne sont point surmontées par la sagesse, arrivent à un tel point, que la surexcitation des passions parvient à les résoudre. Il ne faut donc pas trop s'émouvoir des conflits et des contradictions qui surgissent ici-bas entre les hommes.

M. le curé de Saint-Ellier en vint jusqu'à ne plus permettre à M. Guérin de se rendre au Pont-main pour enterrer les morts ; dès lors ceux-ci étaient obligés de venir à Saint-Ellier pour les enterrements. Cette mesure mit le comble à l'exaspération des esprits. Les habitants du Pont-main ne voulurent plus avoir des relations avec M. Garaud, ils allèrent même jusqu'à inhumer leurs morts, sans le concours du prêtre pour cette sainte cérémonie. Le premier cas de ce genre fut celui de Julien Bonnet.

Quelque temps après mourut la veuve Benoist. M. l'abbé Guérin l'avait administrée, et celle-ci avant sa mort l'avait suppliée de l'enterrer au Pont-main. Pour obéir aux vœux de sa mère, sa fille vint à Saint-Ellier, et elle dit à M. Garaud que s'il s'opposait à ce que M. Guérin vînt au Pont-main faire l'inhumation, il en serait fait comme pour Julien Bonnet, car à aucun prix la morte ne serait apportée à Saint-Ellier. Vaincu par les instances de cette femme, M. Guérin fut autorisé à faire cet enterrement, mais les droits du curé furent exigés.

Il était dans les vœux de tous de mettre un terme à des difficultés qui surexcitaient les esprits des habitants du Pont-main. Dans ce but, un homme de bien, dont nous aurons l'occasion de parler encore, M. Morin, propriétaire du village, résolut, de concert avec M. l'abbé Guérin, de tenter d'apporter un remède au mal. Il y avait déjà quatre ans que durait cet état de choses.

Une pétition fut faite et signée pour être adressée à Mgr l'évêque du Mans. M. Morin se rendit à Saint-Ellier et il se fit apposer par M. le Maire le sceau de la mairie, afin de donner un cachet d'authenticité aux signatures. Dans cette condition il partit de suite pour le Mans, afin d'être sûr que la pétition parviendrait entre les mains de S. G. Mgr Bouvier.

A la lecture de la pétition Mgr du Mans fut très-étonné des détails qu'elle révélait, car Sa Grandeur n'en avait pas la plus légère connaissance. Il fit la promesse à M. Morin de faire droit à la demande, et il tint parole. Peu de jours après, en effet, il vint lui-même sur les lieux pour se renseigner, et touché de ce dont il avait été témoin, il donna l'assurance qu'un prêtre serait envoyé sous peu de temps.

Plusieurs ecclésiastiques vinrent, en effet, visiter la paroisse, mais à la vue de tout ce qui manquait, ils se retirèrent. Le dernier d'entre eux resta même quelques semaines, et il travailla à améliorer la situation à la grande joie des habitants du Pont-main. C'est alors que M. Guérin se rendit à l'évêché et sollicita, comme une faveur, sa nomination à cette pauvre paroisse. Dieu le voulait là, et l'avenir a prouvé que le ciel avait béni sa démarche, et comblé de grâces son dévouement.

Ce ne fut pas sans difficulté que l'évêché consentit à nommer M. Guérin à la cure du Pont-main. Il était facile de prévoir un orage de la part du curé de Saint-Ellier. Mais Dieu qui tient dans ses mains les volontés des supérieurs inclina leur cœur à consentir et la nomination fut signée. A son retour, M. Guérin garda le silence, il se contenta de montrer son titre, et le soir même il alla coucher dans sa nouvelle paroisse. C'était le 24 octobre 1836.

C'est dans l'humble paroisse du Pont-main où il a passé en faisant le bien; c'est là où la mort est venue le surprendre. Pendant trente-cinq ans, il n'a cessé d'évangéliser cette population, et le ciel a béni ses travaux.

De même que le Vénérable serviteur de Dieu J.-M.-B. Vianney, curé d'Ars, le pieux et vénéré Michel Guérin n'a jamais changé de poste. Or, c'est là un caractère distinctif qu'il est bon de signaler et de noter.

L'esprit de la sainte Église est de voir les pasteurs rester stables dans les paroisses où ils ont été préposés. Il y a sans doute des exceptions à cette règle générale, c'est lorsque l'autorité ecclésiastique juge digne d'un poste plus important un prêtre, ou que de graves raisons obligent un curé à solliciter un changement; mais en dehors de ces cas exceptionnels, toute l'histoire ecclésiastique, et l'usage consacré par les saints canons, est de reconnaître que les curés doivent avoir la stabilité dans l'exercice de leur ministère sacré.

Le bien des âmes exige et requiert que les curés n'aient rien à craindre, pour porter une main hardie dans la réforme des abus. Ils doivent être comme un mur d'airain en face des vices et des passions, mais cette fermeté dans leurs fonctions saintes est incompatible avec la crainte de subir un changement, par suite de l'influence de leurs ennemis. Le saint concile œcuménique du Vatican a fait des travaux préliminaires pour ramener cette discipline qui a été en vigueur toujours et partout; cette salutaire réforme parmi nous donnera aux membres du clergé, qui sont desservants dans les paroisses, une dignité et une influence qui ont été l'apanage des saints prêtres.

Avant de terminer ce chapitre, c'est pour nous un devoir de dire un mot du ministère de Michel Guérin à Saint-Ellier. Dans cette paroisse, le jeune vicaire s'y montra en tout l'homme de Dieu, et le modèle de tous pour tout ce qui est zèle et dévouement. A toute heure du jour ou de la nuit, si un appel était fait à son ministère, il était également prêt et disposé à opérer le bien. Dans l'administration du sacrement de pénitence il se faisait tout à tous, sans acception de personnes, car s'il avait pu avoir des préférences, il les aurait eues à l'égard des infirmes, des vieillards et surtout des pauvres. Il était d'un caractère généreux, et la vue des malheureux était une souffrance pour son cœur plein de bonté ; il lui était dès lors bien moins pénible de se priver du nécessaire que de voir les autres dans le besoin. Ses libéralités étaient si grandes que c'était pour lui une gêne, lorsqu'il s'agissait de se procurer un vêtement convenable.

Il n'est donc pas étonnant si, avec de telles qualités, il était entouré de vénération, et si les personnes aimaient à avoir recours à lui. Rien n'est suave et plein d'attraits comme le parfum d'une vraie piété et d'une vertu qui s'élève jusqu'à ce degré héroïque où elle a le nom de sainteté.

CHAPITRE V

État moral de la paroisse du Pont-main à l'installation du vénéré Michel Guérin. — Pauvreté et délabrement de l'église. — Sentiments du curé en mettant le pied sur le sol du Pont-main. — Régime et manière de vivre du pieux Michel Guérin. — Règle de la charité dans les jugements par rapport à ceux qui n'imitent pas les exemples des saints. — Grâces et bénédictions qui sont les heureux fruits d'une vie austère. — La libéralité du curé du Pont-main envers les pauvres et les indigents. — Dieu ne met jamais en oubli ceux qui font l'aumône jusqu'à l'excès.

Le pieux et vénéré Michel Guérin a été l'envoyé de Dieu dans la paroisse du Pont-main ; il est temps de faire connaître les œuvres de son zèle et les fruits de bénédiction dont il va être la source pour les habitants de ce village, jusqu'au jour où la céleste Reine du monde viendra y faire son apparition, le 17 janvier 1871. Nous allons voir à l'œuvre le serviteur de Dieu bon et fidèle, le curé en qui repose la divine grâce. Mais avant d'entrer dans le récit de tout le bien opéré en faveur des âmes, il est nécessaire de décrire l'état moral des esprits.

Une paroisse est comme un champ ; sans la culture intelligente, la terre ne produit d'elle-même que des plantes parasites et sans aucune utilité pour l'homme. A l'époque de la prise de possession par M. l'abbé Guérin, les habitants du Pont-main avaient peu à peu abandonné ou négligé leurs devoirs de religion. La sanctification du dimanche, si rigoureusement prescrite par les lois de Dieu et de l'Église, était méconnue ; on allait peu à la sainte Messe et un grand nombre d'habitants n'hésitaient pas à travailler. La sainte obligation du devoir pascal se perdait de plus en plus, faute de la présence d'un pasteur.

Si nous recherchons maintenant ce qu'était l'église, nous la trouverons dans le plus triste état ; les ornements en étaient plus que pauvres.

L'ancienne église du Pont-main avait été détruite du temps des guerres de religion ; à cette époque, elle était sur l'emplacement où est actuellement le cimetière. La chapelle qui l'avait remplacée fut d'abord couverte en paille, puis elle eut pour toit de petits morceaux de bois en forme d'ardoises. Avant d'être ce qu'elle était au moment de la solennelle apparition, elle a subi bien des transformations.

Mais Dieu sait trouver en tous lieux des cœurs qui se dévouent à son service. M. Morin et sa vertueuse épouse, mus par le désir du bien, s'empressèrent, avec un zèle et un empressement dignes de tout éloge, de procurer les choses indispensables au service divin. Tous les habitants, assez âgés pour en avoir été les témoins, se souviennent que le premier sermon du vénéré curé fut prononcé du haut d'une barrique disposée de manière à servir de chaire de vérité.

Il était temps qu'un curé animé de l'ardeur apostolique

vint relever les ruines des autels, ranimer la piété dans les cœurs et faire refleurir les pratiques religieuses. Les Juifs au retour de la captivité avaient tout à restaurer; il en était de même au Pont-main.

Mais avant de voir à l'œuvre, dans sa paroisse, le pieux Michel Guérin, il est nécessaire de considérer comment il s'est préparé au saint ministère des âmes.

Le Vénérable curé d'Ars, de même qu'un grand nombre d'autres saints, à son arrivée dans le village, dès qu'il put découvrir de loin les toits des maisons, se jeta à genoux pour recommander à Dieu le troupeau qui avait été confié à son zèle pastoral. Il est certain que Michel Guérin ne mit aussi le pied sur le sol du Pont-main qu'en rendant grâces à Dieu qu'il daignât enfin lui permettre de se vouer sans entraves à toute l'ardeur de sa charité apostolique.

Dès qu'il put célébrer la sainte Messe, il demanda à Dieu, pour ceux qu'il aimait, des trésors de grâces. Sa prière humble et ardente pénétra les cieux, et tous les cœurs comprirent que le ciel avait plus qu'exaucé leurs vœux. Aucun des habitants n'ignorait que leur curé était fervent et plein de piété, dès lors ils s'estimèrent heureux de posséder parmi eux un saint.

Michel Guérin s'empressa de régler sa vie. Il se mit bien peu en peine de meubler sa maison, mais il regarda comme son premier devoir de penser à son église. Il fallut s'imposer bien des privations, pour la pourvoir de tout ce qui était nécessaire. Elle était dans un grand délabrement, mais peu à peu, il parvint à lui donner non-seulement ce qui était indispensable, mais à la décorer d'une manière convenable. Nous avons constaté nous-même, à l'époque de la solennelle apparition, que bien peu de villages sont aussi abondamment pourvus de ce qui est utile pour les besoins du culte, et le pieux curé nous montra avec une joie naïve tous les trésors dont il l'avait enrichie.

Quant à lui, il résolut d'être fidèle à sa devise, de ne se compter pour rien et de s'oublier. Sa nourriture était celle des plus pauvres habitants; le matin il mangeait une écuelle de soupe, à midi il en prenait une seconde, et le soir de même. Il ne se permettait que dans des cas rares d'user de la viande; les légumes étaient même une exception dans son régime de vie.

Il est facile à tous de comprendre l'ascendant que donnent à un curé dans sa paroisse, l'esprit de détachement des choses d'ici-bas, une vie austère et l'éloignement de tout luxe dans sa maison. La pauvreté a été dans tous les temps le caractère distinctif des hommes apostoliques. Mais s'il est bon de faire l'éloge de ceux qui entrent dans ces voies d'une vertu héroïque, la règle de la charité impose à tous de ne pas se prévaloir de ces exemples admirables, pour critiquer avec une sévérité outrée ceux qui agissent d'une manière différente.

Il y a dans la sainte Église deux classes différentes de personnes qui se vouent au ministère des âmes, ce sont les membres du clergé séculier, et ceux des divers ordres religieux qui travaillent à leur salut et au bien des âmes, sous des règles diverses, approuvées par l'autorité du Saint-Siége Apostolique.

Le clergé séculier, qui est chargé du ministère paroissial, a pour mission de représenter Notre-Seigneur Jésus-Christ, dans son titre de Roi des rois. Aussi la sainte Église n'a jamais exigé de lui, en aucun temps, ni dans aucun pays, qu'il vécût dans la pauvreté évangélique. Il ne fait point le vœu de vivre dans le dépouillement. Les saints Canons ne lui imposent qu'un devoir rigoureux, c'est de ne jamais mettre en oubli que tous les biens qui lui viennent de l'autel sont un patrimoine sacré, qui ne doit pas être employé en faveur de sa famille, mais être consacré à l'ornement de son église, à secourir les pauvres, et à soutenir les bonnes œuvres si nombreuses qui existent.

Il ne saurait dès lors être permis de blâmer à tort et à travers les prêtres qui ne vivent pas conformément à la maxime du Vénérable Jean-Marie-Baptiste Vianney, curé d'Ars, ou même qui n'imitent pas le pieux Michel Guérin, curé du Pont-main.

Mais il est certain que le curé qui ne craint pas de vivre dans une étroite pauvreté pour donner aux pauvres, qui se contente d'une nourriture grossière et commune, afin de multiplier ses aumônes et ses bonnes œuvres, aura une influence et une réputation de vertu à laquelle ne sauraient prétendre, à juste titre, ceux qui se contentent de pratiquer une vertu moins héroïque. L'héroïsme, à toutes les époques et sous tous les climats, a toujours le privilége de subjuguer la foule et d'exciter l'admiration.

Ainsi que la loi de la charité le prescrit, si Michel Guérin pratiquait un régime de vie austère, il ne l'imposait pas à ceux qui venaient lui rendre visite. A l'imitation du curé d'Ars, et de tous les serviteurs de Dieu, en recevant un confrère, un ami, ou un membre de sa famille, il savait se mettre en mesure d'avoir un dîner plus confortable que son ordinaire journalier. Il faisait lui-même les honneurs, et il goûtait à tout, afin d'encourager ses invités.

Ce serait un très-grand malheur de n'attacher qu'une petite importance à ce que le pieux Michel Guérin sût se résoudre à n'avoir peu ou point de meubles dans sa maison, afin de pouvoir consacrer plus d'argent aux pauvres. Le grand secret de toucher le cœur de Dieu et de faire descendre les bénédictions du ciel se trouve dans l'humilité, le détachement des choses terrestres, et dans la libéralité envers les pauvres.

Le Vénérable curé d'Ars n'ignorait pas les mérites du jeûne et son efficacité; le vénéré curé du Pont-main avait appris à l'école du Saint-Esprit cette même doctrine. « Le « démon, disait Jean-Marie-Baptiste Vianney, se moque « de la discipline et des autres instruments de pénitence; « du moins, s'il ne s'en moque pas, il en fait peu de « cas et trouve encore moyen de s'arranger avec ceux « qui en font usage; mais ce qui le déroute, c'est la « privation dans la nourriture et le sommeil. Il n'y « a rien que le démon craigne tant, et qui soit plus « agréable au bon Dieu. Que de fois je l'ai éprouvé. « Oh! que de grâces Notre-Seigneur m'accordait

« dans ce temps-là! J'obtenais de lui ce que je vou-
« lais. »

Le saint curé résumait dans ce peu de mots la sublime doctrine du grand saint Léon le Grand, et celle du plus célèbre des Pères du désert, saint Antoine. C'est donc à nous à nous édifier dans ces salutaires enseignements. Le pieux Michel Guérin a fait mieux, il a su mettre en pratique ce que nous tous nous nous contentons trop de savoir.

Par une loi nécessaire, plus le vénéré curé du Pont-main économisait sur ses dépenses et plus il répandait des aumônes dans le sein des pauvres. Nous savons de la manière la plus sûre qu'à la première occasion qui se présentait, Michel Guérin n'hésitait pas à faire passer dans les mains des indigents tout ce qu'il avait, sans rien se réserver pour lui-même.

La vertueuse Mme Morin s'était fait un devoir de subvenir aux besoins de son vénéré pasteur, aussi elle se laissait aller à une sainte colère, et elle discutait souvent avec lui, afin de le convaincre qu'en disposant du bien qui lui était donné, il usait d'un droit qu'il n'avait pas. Mais les raisons auxquelles elle avait recours ne pouvaient arrêter la charité du pieux Michel Guérin, s'il avait reçu il était le maître de disposer, et il continua d'être généreux envers les pauvres.

Placé à la tête d'une petite paroisse, la bourse du curé du Pont-main devait être peu fournie, néanmoins elle était toujours ouverte pour les malheureux. Celui-ci n'ignorait pas que l'argent dont il se privait avait quelquefois un mauvais emploi, mais la crainte d'un abus n'était pas à ses yeux un motif de fermer son cœur à la pitié, et il ne refusait jamais. Combien de fois il s'est dépouillé de tout ce qu'il possédait pour venir en aide à ceux qui imploraient le secours de sa charité !

Mme Morin se permettait quelquefois de lui représenter que ses paroissiens n'étaient pas raisonnables, et qu'ils comptaient trop sur sa bonté, mais il est dans la loi de la libéralité de ne pas garder de mesure. Si quelques-uns, par un excès digne de blâme, pensaient que le curé serait là au besoin pour le loyer et pour le pain, celui-ci n'en pratiquait pas moins un désintéressement héroïque, en se privant de tout, même du nécessaire, pour faire l'aumône à son prochain.

Il y a toujours à côté des hommes de Dieu, par une disposition providentielle, des âmes généreuses et pourvues des biens de ce monde, qui, émues de compassion à la vue de la charité dont elles sont les témoins, se chargent volontiers de procurer à ceux-ci tout ce qui est nécessaire. Notre-Seigneur avait attiré par l'onction de la divine grâce des femmes héroïques qui rendaient aux Apôtres les services les plus signalés. Depuis l'origine de l'Église il en a toujours été ainsi, au sein de toutes les nations et jusque dans les pays des missions.

Si la main charitable de Mme Morin n'eût été là, le vénéré curé du Pont-main aurait eu souvent à souffrir du froid, faute de vêtements, et de la faim, parce qu'il aurait manqué lui-même du pain, en distribuant toutes ses provisions aux pauvres et aux indigents. Ainsi Dieu se réjouit d'avoir à récompenser deux personnes qui pratiquent la charité à un degré héroïque, l'une en s'oubliant dans les excès de sa libéralité, et l'autre en participant au zèle du serviteur de Dieu, par des dons sans cesse renouvelés.

CHAPITRE VI

Le don de Dieu dans la création du sacerdoce pour le ministère des âmes. — L'esprit de prière était le caractère distinctif du vénéré curé du Pont-main. — Fruits de grâce obtenus par le pieux Michel Guérin dans la récitation du Bréviaire. — Efficacité du saint sacrifice pour la conversion des pécheurs. — Délicatesse de la vie surnaturelle pour le prêtre. — Manière dont le vénéré Michel Guérin comprend le devoir de la prédication. — Comment il attire les âmes à la fréquentation des sacrements, à l'imitation du Vénérable serviteur de Dieu, le curé d'Ars.

Le curé est l'ange de Dieu au sein d'une paroisse. Sans doute, il est pris d'entre les hommes, mais, par la grâce dont il est comblé, il participe à la nature de l'ange, sa mission est toute céleste, aussi il est voué avant tout au célibat perpétuel par un vœu irrévocable. Dans le ciel seulement, la terre comprendra le don ineffable de Dieu envers les hommes, lorsqu'il a créé le royal sacerdoce et qu'il lui a confié le ministère des âmes.

A l'aide de la divine grâce, le curé, fidèle au mandat sacré qu'il a reçu, peut traverser la vie sans s'écarter un instant de ses devoirs. Non-seulement il résiste aux luttes de la chair et du sang, mais il combat contre les esprits de malice et il remporte sur eux une victoire éclatante. Ce résultat, qui ravit d'admiration les anges de Dieu, est uniquement le fruit de la grâce.

Le prêtre, chargé du ministère des âmes, doit avoir pour qualité fondamentale l'amour et le goût de la prière. Nous avons constaté déjà combien, dès sa plus tendre jeunesse, Michel Guérin avait aimé à prier ; mais lorsque l'homme de Dieu fut curé, il s'attacha plus que jamais à faire usage de ce moyen si efficace de salut pour lui-même et pour les autres.

La prière était devenue l'exercice par excellence du vénéré curé du Pont-main, aussi il s'efforçait de n'avoir aucune occasion de l'interrompre. L'attrait pour la prière a été le caractère distinctif qu'il a eu dans tout le cours de sa vie. « On en voit, disait le saint curé d'Ars, qui se per-« dent dans la prière, comme le poisson dans l'eau, parce « qu'ils sont au bon Dieu. » Tel était le pieux Michel Guérin.

Le prêtre a deux sortes de prières à faire : en premier lieu, il doit réciter son Bréviaire, et c'est pour lui une obligation de conscience qui lui est imposée par l'Église, sous peine de péché mortel. Mais le prêtre qui est éclairé des lumières du ciel sait que la récitation du Bréviaire attire sur lui et sur la paroisse des grâces et des bénédictions sans nombre.

Il faut que le prêtre prie, non-seulement pour lui, mais pour la société et pour l'Église. Le Bréviaire est la louange de Dieu par excellence ; en le récitant, le prêtre n'agit pas en son nom seul, il est le représentant de l'Église, et il prie avec toute l'assemblée des saints. Aussi il est toujours exaucé.

Certes, il y a eu dans tous les temps de grands fléaux

sur la terre, car Dieu doit à sa justice de châtier les iniquités de la terre. Mais si le sacerdoce cessait le cantique de louange, de supplication et de prière qu'il adresse à Dieu sans interruption, les esprits de l'abîme ne tarderaient pas longtemps à prévaloir. La récitation de l'office divin a pour effet certain d'écarter mille maux et d'obtenir les grâces les plus précieuses.

L'homme qui prie est partout honoré, vénéré et respecté, même parmi les nations infidèles. Dans son récit si intéressant : *Voyage au Thibet,* le célèbre missionnaire, l'abbé Huc, nous raconte de quelle vénération les Thibétains l'entouraient, parce qu'ils le voyaient réciter le Bréviaire. Or le pieux Michel Guérin n'a jamais failli à ce devoir sacré ; il aimait à venir au pied des saints autels réciter le saint office ; là, il était comme l'ange de sa paroisse, et il obtenait des grâces de choix pour les pécheurs et pour tous les habitants du Pont-main.

Lorsque nous avons connu le vénéré curé du Pont-main, ce qui nous a frappé en lui, c'est son goût pous la prière. C'est à ce signe qu'il s'est révélé à nous comme un des grands élus de Dieu. Il se trouvait si au large en priant, qu'il ne connaissait aucune fatigue dans ce saint exercice. Il pouvait donc dire, comme le saint curé d'Ars : « Être aimé de Dieu, être uni à Dieu, vivre en présence « de Dieu, vivre pour Dieu, oh ! belle vie et belle « mort ! »

Mais la prière du prêtre, qui résume tout ce qu'il peut opérer, c'est le saint sacrifice de la Messe. Là, au saint autel, placé entre le ciel et la terre, ce n'est plus le prêtre qui prie, c'est Jésus-Christ qui prie en lui, par lui et avec lui. Oh ! il ne faudrait plus ici une plume et une langue humaine pour exprimer nos pensées; un ardent séraphin lui-même serait impuissant à faire entendre l'efficacité de la prière du prêtre, dans l'offrande du saint sacrifice de la Messe.

La lumière du ciel avait révélé au pieux Michel Guérin ce grand mystère d'amour. Aussi, lorsqu'il disait la sainte Messe, il ressemblait à un ange. Il n'était point pressé d'arriver à la fin, il avait tant de bonheur à célébrer le saint sacrifice ! C'est là, lorsqu'il tenait en ses mains consacrées le très-saint corps de Notre-Seigneur et le calice de salut qui renfermait son sang précieux, qu'il ne craignait pas de solliciter des grâces et de plaider la cause des pécheurs, et avant tout celle de ses paroissiens.

La prière est la sauvegarde du prêtre, elle est son bouclier, sa force, le principe de tout le bien dont il est destiné à être le canal et la source. Par sa vocation au sacerdoce, le prêtre est établi dans une vie surnaturelle; il ne doit dès lors s'appliquer qu'à ce qui entretient en lui cette flamme céleste et divine. Malheur à tous ceux qui croient qu'ils peuvent avoir sans danger des amitiés naturelles, expansives et sensibles.

Le pieux Michel Guérin avait pénétré le vrai secret de la vie du cœur surnaturel. Aussi, à aucune époque de sa longue carrière sacerdotale, il ne négligea ni l'oraison, ni le chapelet, ni la visite au saint sacrement, ni les lectures des livres de spiritualité, en un mot, aucun des exercices de piété qui sont prescrits et recommandés, comme le moyen efficace de rester ferme dans la grâce. La vie surnaturelle a des délicatesses particulières, et la piété est le moyen d'éviter tous les écueils. Or, le curé du Pont-main est resté pieux jusqu'au dernier jour de sa vie. C'est là sa gloire et le motif qui nous a déterminé à faire connaître ses vertus.

Après le devoir de la prière, le curé a à remplir celui de la prédication. Il faut instruire, dissiper l'ignorance, faire connaître les obligations du chrétien, et c'est par la parole qu'on obtient ce but. Le vénéré Michel Guérin savait combien la prédication est puissante pour toucher les âmes et ramener les cœurs à Dieu. Aussi il s'imposa, à lui-même de ne rien négliger pour annoncer la parole de Dieu avec dignité et convenance, et surtout d'une manière salutaire pour les âmes. C'est en cela surtout, et dans la confession, qu'il fut l'émule du Vénérable serviteur de Dieu, le curé d'Ars.

Ce n'était pas sans peine qu'il composait ses sermons, ses prônes ou les homélies qu'il avait à faire, mais il ne craignait point le travail, et il ne cessait de les remanier jusqu'à ce qu'il fût satisfait. Il n'hésitait pas ensuite à s'efforcer de les apprendre, ou du moins il tâchait de les graver dans sa mémoire, afin de pouvoir les prononcer sans gêne et sans hésitation. Pour arriver à un résultat si désirable, il s'enfermait dans la sacristie, et il récitait ses discours à haute voix et avec feu, comme s'il eût été en présence de son auditoire.

Dieu se plaît à bénir un labeur de ce genre. Aussi lorsque Michel Guérin paraissait dans la chaire de vérité, il était plein de feu, il semblait un homme apostolique qui sait qu'il vient annoncer la parole du Seigneur. Il n'y avait dans son discours rien qui ne fût simple; ce qui en faisait le charme et captivait ses paroissiens, qui étaient ravis de l'entendre, c'est qu'il y avait en lui le mouvement et la vie. Il avait souvent recours à des comparaisons familières, et son style était plein d'images.

Dans ses prônes, il y avait des pensées et des réflexions propres à faire la plus vive impression sur les auditeurs. Son cœur, dévoré du zèle des âmes, s'échappait en effusions brûlantes; sa parole, comme un feu, allait pénétrer les cœurs et les ramenait à Dieu. En l'écoutant, nul ne songeait à louer le prédicateur, mais il se sentait animé du vif désir de devenir meilleur.

Il y a une très-grande différence entre ceux qui, comme le vénéré curé du Pont-main, vont s'enflammer d'amour au pied du saint sacrement avant de prêcher, et ceux qui ont recours aux vains artifices inventés par l'art. Tandis que celui qui met sa confiance en Dieu opère des fruits merveilleux de conversion, qu'il transforme les âmes et les régénère; celui, au contraire, qui ne croit qu'à la vertu de la science ne produit aucun fruit de vie. La véritable éloquence doit jaillir de la charité envers Dieu et le prochain, sinon elle sera stérile pour le ciel et pour le salut des âmes.

Du reste, le curé qui connaît ses devoirs s'applique à préparer le succès de ses prédications, non-seulement par sa prière, mais par son amabilité envers ses paroissiens.

Le pieux Michel Guérin avait pour les habitants du Pont-main la bonté et la tendresse d'un père, et les marques d'égards qu'il donnait à tous lui gagnaient tous les cœurs. Le prêtre zélé n'oublie jamais qu'il a charge d'âmes, et il se fait tout à tous, pour les gagner tous à Jésus-Christ.

Ainsi que nous l'avons dit, lorsque Michel Guérin vint au Pont-main, un grand nombre d'habitants ne remplissaient pas le devoir pascal; quant à la communion fréquente, c'était une chose à peu près inconnue. Le pieux pasteur prêcha avec force sur la nécessité de s'approcher des sacrements, et il n'eut de repos que lorsqu'il eut ramené tous ceux qui s'écartaient des sources de la vie divine. Alors peu à peu il fit choix des âmes d'élite et il les amena à la fréquentation de plus en plus rapprochée de la table sainte.

« Tous les êtres de la création, disait le Vénérable « J.-M.-B. Vianney, ont besoin de se nourrir pour vivre; « c'est pour cela que Dieu a fait croître les arbres et les « plantes; c'est là une table bien servie où tous les animaux viennent prendre la nourriture qui leur con« vient. Lorsque Dieu voulut donner une nourriture à « notre âme pour la soutenir dans le pèlerinage de la « vie, il promena ses regards sur la création et ne trouva « rien qui fût digne d'elle. Alors il se replia sur lui« même et résolut de se donner. O mon âme ! que tu « es grande, puisqu'il n'y a que Dieu qui puisse te sus« tenter. » (*Petites Fleurs*, p. 35.) Si nous avions entendu le pieux Michel Guérin, nous retrouverions là les accents de son cœur apostolique.

La douceur des paroles du vénéré curé avait pour les âmes dociles à la divine grâce un attrait invincible, et l'odeur des exemples qu'il donnait achevait de les gagner. La vertu a un parfum embaumé qui séduit, aussi en peu de temps la paroisse du Pont-main présenta un spectacle plein d'édification. La sainte Messe était fréquentée et le saint jour du dimanche sanctifié. A la vue de ces résultats le cœur du pieux Michel Guérin tressaillit de joie, il avait jeté en terre une semence de bénédiction, elle germait et portait des fruits de vie éternelle.

CHAPITRE VII

L'édifice matériel consacré au culte de Dieu est relevé et orné par les soins du pieux Michel Guérin. — Il dédie deux chapelles, l'une à la très sainte Vierge, l'autre à saint Jean-Baptiste. — Zèle du curé du Pontmain envers les âmes qui sont les pierres de l'édifice spirituel. — Saints exercices qui remplissaient la journée du dimanche au Pont-main. — Manière de sanctifier le saint jour du Seigneur. — Comment le pieux Michel Guérin s'insinuait dans les cœurs pour les gagner tous à Jésus-Christ. — Son zèle pour faciliter la fréquentation du tribunal de la pénitence.

Le culte que nous devons rendre à Dieu suppose et exige un édifice matériel qui soit consacré aux réunions des fidèles; en un mot, à tout curé il faut une église. Mais pour la rendre digne de nos saints mystères, combien d'ornements sont nécessaires. C'est là où le pieux pasteur d'une paroisse doit avant tout appliquer le zèle dont son cœur est consumé. Tel fut le premier soin du vénéré Michel Guérin.

A sa prise de possession, en 1836, l'église du Pontmain était pauvre et délabrée; le pieux curé, sachant que le culte extérieur est un genre de prédication, se mit à l'œuvre pour se procurer des ressources. Il consentait volontiers à être pauvre et à vivre dans la pauvreté, mais il voulait que Notre-Seigneur eût un temple digne de son adorable Majesté. Nul n'avait à un plus haut degré le détachement de la richesse et des biens de ce monde, mais quand il s'agissait du culte de Dieu, il aurait voulu avoir de grands trésors, pour rehausser les splendeurs et la magnificence de la demeure du Roi des rois.

Le pieux Michel Guérin a fait des merveilles dans son église; pauvre lui-même et placé dans une petite paroisse, il a su néanmoins obtenir un autel magnifique, des ornements très-beaux, une chaire, des boiseries dans le chœur. A l'époque où nous l'avons vu, il y avait bien peu de paroisses de cette importance aussi bien pourvues que le Pont-main.

Après avoir élevé l'autel, le pieux Michel Guérin s'occupa des chapelles. La première qu'il entreprit fut celle de la sainte Vierge; il dédia la seconde à saint Jean-Baptiste. A Ars, le saint Précurseur demanda lui-même, dans une vision, qu'une chapelle lui fût érigée, et en retour il promit au Vénérable serviteur de Dieu de lui accorder la conversion d'un grand nombre de pécheurs. « Si vous saviez, disait le saint curé, ce qui s'est passé « dans cette chapelle, vous n'oseriez pas y mettre les « pieds. »

Il est certain que ce ne fut pas sans une inspiration secrète du ciel, que le pieux Michel Guérin consacra une chapelle à saint Jean-Baptiste. Il est même à présumer que la dévotion envers le grand Précurseur de Notre-Seigneur remonte à une époque assez reculée dans cette paroisse. Du reste, c'est là une des dévotions qui caractérisent notre époque; nous l'avons retrouvée au

Pont-main avec une vive et profonde émotion; car les plus illustres sanctuaires se font tous remarquer à ce signe.

Mais c'est peu de bâtir l'édifice matériel, si on n'apporte un zèle dévoué à élever l'édifice spirituel, dont les âmes sont les pierres vivantes et l'ornement immortel. Le pieux Michel Guérin n'avait travaillé à embellir son église qu'en vue de pouvoir ramener à Dieu ses paroissiens. Dans toutes ses prédications le vénéré pasteur n'avait qu'un but, la table sainte, à laquelle il conviait les fidèles, la dévotion à la très-sainte Vierge, pour laquelle son cœur brûlait d'un amour et d'une tendresse filials.

Le saint jour du dimanche les exercices pieux commençaient le matin et se continuaient, pour ainsi dire sans interruption, jusqu'au soir. Dès la pointe du jour, le vénéré curé du Pont-main était au tribunal de la pénitence, afin de faciliter la confession à ceux qui avaient des difficultés pour venir à un autre moment. La grand'messe se célébrait avec tout l'éclat, la pompe et la magnificence qu'il était permis de lui donner.

Le dimanche au Pont-main était devenu, sous l'impulsion du zèle ardent du vénéré curé, le saint jour du Seigneur. C'est à la grand'messe que le pieux Michel Guérin faisait sa prédication ; là il était l'apôtre qui brûle du désir de sauver les âmes. Il y avait dans ses discours des pensées et des images, et il accompagnait l'énoncé des vérités éternelles de réflexions qui pénétraient jusqu'à l'âme de ses auditeurs.

Il importe peu au prêtre d'être savant dans les choses de la science humaine, le don de ramener les cœurs à Dieu ne saurait jamais dépendre de l'art. C'est dans la prière qu'il faut obtenir ce secret de Celui qui tient dans ses mains nos destinées. Il faut que les curés apprennent, à l'école du Saint-Esprit, à marcher sur les traces des grands modèles qui nous ont été donnés, comme le Vénérable J.-M.-B. Vianney, le R. Père Muard, et le pieux Michel Guérin.

Il y avait le dimanche au Pont-main d'autres pieuses réunions. Dans l'après-midi avait lieu le catéchisme, afin de donner occasion aux personnes peu instruites de venir apprendre, en écoutant les leçons adressées aux enfants, ce qui leur était utile à elles-mêmes. Le catéchisme fait le dimanche peut devenir la plus avantageuse des prédications.

Le chant de vêpres réunissait de nouveau les paroissiens dans l'église. A la campagne, c'est un saint exercice qui obtient les plus heureux fruits. Sans doute l'Église n'a point imposé l'obligation, même sous peine de péché véniel, d'aller aux vêpres, mais nul ne saurait disconvenir que cette réunion des fidèles est un moyen efficace d'éviter l'abus des danses, et de remédier à d'autres dangers pernicieux aux âmes. Aussi nous ne saurions trop louer un pieux pasteur, qui, à l'exemple du vénéré curé du Pont-main, saurait attirer les paroissiens à cet exercice de dévotion.

Mais c'est surtout par la dévotion à la très-sainte Vierge que la piété devient florissante dans les paroisses.

Le pieux Michel Guérin savait cela, et il avait établi des associations pour venir réciter le chapelet et le saint Rosaire, aux pieds de la statue de l'auguste Vierge Marie. C'est par ces saints exercices que le curé obtenait de grandes grâces.

« L'*Ave Maria*, disait le vénérable curé d'Ars, est une « prière qui ne lasse jamais. Quand on parle des objets « de la terre, du commerce, de la politique... on se fa« tigue ; mais quand on parle à la sainte Vierge, « c'est toujours nouveau. » C'est ce que l'illustre Père Lacordaire exprimait avec un langage plein de charme : « L'*Ave Maria* est une prière d'amour, et en le redisant « sans cesse, on ne le répète jamais. »

Peu à peu, grâce au zèle du vénéré curé, Pont-main devenait un coin de terre béni entre tous. Là, le souffle empesté de l'indifférence et de l'impiété semblait s'éloigner, l'action des anges en écartait les influences délétères si funestes aux âmes.

Le pieux Michel Guérin n'ignorait pas que le meilleur moyen de travailler à la sanctification de ses paroissiens était de se rendre maître de leurs cœurs. Aussi il avait pour tous une affection paternelle. Le premier il s'empressait de leur donner des marques d'égards et de bienveillante bonté ; il prévenait au besoin leur salut, et il s'intéressait à tout.

Le vénéré curé aimait à aller visiter les paroissiens dans leur maison ; c'est là où il apprenait tout ce qui pouvait leur être utile. Dans ces occasions, il faut un grand tact et beaucoup de délicatesse ; il faut aussi savoir s'éloigner, avant de produire la moindre gêne. Avec ces précautions les visites du pieux Michel Guérin obtenaient les résultats les plus heureux.

L'affection du vénéré curé du Pont-main, puisée à la source de la vraie charité, s'étendait à tous les paroissiens. Il n'avait dès lors à excepter personne dans les témoignages de sa bonté; à l'imitation de saint François de Sales, il voyait tous les siens dans la poitrine adorable du divin Maître, et là, dans ce foyer d'amour, il les trouvait tous dignes de son respect et de son dévouement. Pauvres et riches, petits ou grands, tous étaient ses enfants spirituels, et il les traitait avec une affabilité qui gagnait tous les cœurs.

C'est par ces procédés, inspirés par le vrai zèle des âmes, que le vénéré Michel Guérin s'insinua dans le cœur des habitants du Pont-main, au point de pouvoir agir efficacement sur les volontés. Dès lors il résolut de les gagner tous à Jésus-Christ par Marie, et il s'efforça de les enflammer de dévotion pour la divine Eucharistie, qui est le centre et le foyer unique de toute la vie chrétienne.

Pour amener à Dieu ceux qu'il aimait, le pieux Michel Guérin fit avant tout comprendre ce qu'était le sacrement de pénitence. A l'imitation du Vénérable curé d'Ars il pouvait leur dire : « Mes enfants, on ne peut pas comprendre la bonté que Dieu a eue pour nous, d'instituer « le grand sacrement de pénitence. Si nous avions eu « une grâce à demander à Notre-Seigneur, nous n'aurions « jamais pensé à lui demander celle-là ; mais il a prévu

« notre fragilité et notre inconstance dans le bien, et son « amour le porte à faire ce que nous n'aurions pas osé « demander » (*Petites Fleurs d'Ars*, p. 35.)

Le premier et le plus grave des devoirs du pasteur, c'est d'être toujours disposé à réconcilier les âmes avec Dieu par la divine absolution. Il doit être toujours prêt à entendre ceux que l'action de la grâce conduit à ses pieds; car il exerce là, au tribunal de la pénitence, la plus douce des prérogatives de Dieu, celle de pouvoir absoudre et réconcilier ceux qui ont un cœur contrit et humilié, aux yeux du Souverain Juge.

Le vénéré Michel Guérin était trop docile aux inspirations du ciel pour faillir sur un devoir si essentiel. A toute heure, en toute circonstance, il était disposé à accueillir avec bonté la brebis repentante qui avait recours à son ministère. Ah! qui nous dira les âmes que sa douce parole a ramenées à Dieu? Qui pourrait nous raconter les mystérieux aveux qu'il a arrachés aux pécheurs, afin de les régénérer par la vertu de la divine absolution?

Le prêtre au saint tribunal est un juge, mais c'est pour pardonner à tous ceux qui en sont dignes. Les paroles de vie qu'il prononce ont une efficacité merveilleuse. Ce qu'il opère au nom de Dieu sur la terre est ratifié au haut du ciel; s'il efface le péché celui-ci n'existera plus dans l'éternité. C'est là où le pieux curé du Pont-main aimait à se rendre utile, car il savait qu'il rendait à la vie de la grâce ceux qui venaient, avec une intention droite et sincère, demander au ministre de Dieu la sainte absolution.

A ceux qui cherchent le remède aux passions qui entraînent les hommes dans les désordres les plus criminels, à tous ceux qui désirent savoir comment le vice peut se changer ici-bas en vertu, nous nous contenterons de dire : Venez et étudiez les merveilles du divin sacrement de la pénitence. Là se trouve le secret de toute conversion, de toute régénération et de la véritable transformation des cœurs.

Par ses seules forces, l'homme reste à jamais impuissant à secouer le joug honteux du vice, à se délivrer de l'esclavage du péché, à briser les chaînes qui le retiennent captif dans la volupté ; mais s'il a recours au tribunal de la pénitence il sera vainqueur. A l'aide de la divine grâce il foulera aux pieds les ennemis de son âme, et il chantera un hymne de victoire sur la chair et sur le péché. Heureux ceux qui trouvent des prêtres, qui, à l'imitation du pieux Michel Guérin, comprennent la charge de ce devoir redoutable aux anges mêmes, et savent s'en prévaloir.

CHAPITRE VIII

Tous les serviteurs de Dieu doivent entrer ici-bas en lutte avec les démons. — Faits qui se trouvent dans toutes les vies des saints. — Le vénéré Michel Guérin est éclairé sur les embûches et les tentations diaboliques: comment il savait recourir aux armes si recommandées par l'Église pour se défendre. — Le pieux curé du Pont-main aimait à chercher un refuge contre le démon au pied du tabernacle. — Épreuve qui occasionne de longues souffrances au pieux Michel Guérin. — Les fureurs de Satan sont le signe certain des grandes bénédictions du ciel.

La vie de l'homme est un combat sur la terre, *militia vita hominis super terram*. Pendant notre passage ici-bas, nous sommes, en effet, dans une lutte incessante, sans trêve ni merci, non-seulement avec la triple concupiscence qui est en nous, mais avec les esprits de malice, les princes des ténèbres, qui s'efforcent de nous entraîner dans le mal. Notre âme est toujours comme sur un champ de bataille: d'une part, elle est harcelée par les puissances de l'enfer pour commettre le péché, tandis que d'autre part les anges de Dieu s'appliquent avec une tendresse aimable et un zèle infatigable et constant à nous diriger dans les voies du bien et de la vertu.

Le pieux Michel Guérin a connu et expérimenté tous les assauts de l'enfer. Mais grâce à l'esprit de prière qu'il possédait à un si haut degré, il a su s'affermir dans le bien, et mépriser toutes les fureurs des ennemis de son âme. Pour bien comprendre le récit qui va suivre il est nécessaire d'établir quelques principes, sans lesquels le pieux lecteur aurait de la peine à se rendre compte des faits.

Les démons ont reçu de Dieu le pouvoir d'entraver les âmes dans la voie de leur sanctification. A ce titre leur intervention fait partie de l'économie du gouvernement de la divine Providence. Dieu sait tout ce qu'ils feront, parce qu'ils sont soumis à sa toute-puissance, et il dispose ce qu'il permet à leur malice pour le plus grand bien de ses élus. Aussi il ne faut pas nous effrayer de la fureur de ces esprits de ténèbres, ni de leur rage, car ils aideront à nous conduire au port du salut, en nous donnant des occasions de mérite.

Dans toutes les vies des saints nous trouvons de longs récits de ce que les démons ont fait contre les serviteurs de Dieu. A Ars, on conserve le lit auquel Satan avait mis le feu. Tout le village accourut pour porter secours; mais de même que le feu avait été allumé par une main invisible, une vertu surnaturelle l'éteignit. Le Vénérable serviteur de Dieu se contenta de dire aux missionnaires : « Ne pouvant pas brûler l'homme, il a voulu se donner « le plaisir de brûler son lit. »

A Ars, il y avait des scènes que tout le monde pouvait entendre. Le saint curé vivait au milieu d'un tumulte et d'un tapage incessants. Un jour que le vénérable serviteur de Dieu s'était rendu à la mission de Saint-Trévier, précisément à l'époque où les manifestations diaboliques faisaient le plus de bruit, ses confrères crurent pouvoir le plaisanter. Quelques-uns même s'oublièrent jusqu'à lui conseiller un étrange remède : « Allons, allons, cher « curé, lui dirent-ils, faites comme les autres, nourrissez- « vous mieux : c'est le moyen d'en finir avec toutes ces « diableries. »

Le vénérable serviteur de Dieu, mieux éclairé par le ciel, se contenta de leur répondre avec bonté : « Eh « bien ! messieurs, ne soyez pas étonnés si vous entendez « du bruit cette nuit. »

Vers minuit, on entend un fracas horrible : la maison curiale est sens dessus dessous, les portes battent avec violence, les vitres tremblent, les murs paraissent chanceler et prêts à s'écrouler, de sinistres craquements font redouter une catastrophe. En un instant les rieurs de la veille sont debout, ils ont la foi, et ils courent vers le saint curé, qui se contente de dire : « Oh ! je sais bien ce « que c'est. Il faut aller vous coucher, il n'y a rien à « craindre. »

Il est nécessaire ici de faire observer que les démons n'interviennent pas toujours avec un tel éclat; mais leur action, quoique moins visible et moins facile à constater, n'en est pas moins redoutable. Il importe peu qu'ils apparaissent d'une manière plus ou moins sensible ; l'essentiel est de se mettre en garde contre leur fureur si dangereuse.

Le vénéré curé du Pont-main était trop éclairé de la lumière divine pour ne pas savoir qu'il était en butte aux piéges, aux embûches, aux tentations et à la rage des démons. Résolu de travailler au salut des âmes, selon les devoirs de sa charge pastorale, il n'ignorait pas qu'il aurait à lutter contre la malice des esprits de l'abîme; mais il savait que l'Église met aux mains des prêtres et des fidèles des armes qui font reculer les ennemis de notre salut.

Il avait recours à l'eau bénite et au signe de la croix. « Une nuit, dit le Vénérable curé d'Ars, je m'éveillai en « sursaut, et je me sentis enlevé en l'air. Peu à peu, je « perdais mon lit, je m'armai vitement du signe de la « croix et le démon me laissa. » Les serviteurs de Dieu, si jaloux de garder le secret concernant les dons et les grâces dont le ciel se plaît à les favoriser, ne font nulle difficulté de parler des vexations dont ils sont l'objet de la part des esprits de malice. « Le démon est bien fin, » nous apprend le Vénérable J.-M.-B. Vianney, « mais il « n'est pas fort; un signe de la croix le met en fuite. »

Le pieux Michel Guérin avait appris par l'expérience combien le signe de la croix, les saintes reliques, les *Agnus Dei*, l'eau bénite, en un mot, tout ce que l'Église a consacré et sanctifié a une vertu efficace contre les démons. Aussi il aimait à y avoir recours. Mais il y a des cas où les esprits de ténèbres ont reçu de Dieu le pouvoir de nous éprouver, et dans ces circonstances les moyens ci-dessus n'ont pas les effets qu'il est en usage d'en attendre. Lorsqu'il en est ainsi, il faut savoir mettre en œuvre d'autres armes, afin de remporter la victoire.

Le démon ne néglige rien pour nous nuire, tantôt il excite en nous le feu des passions et nous met en danger de pécher contre la sainte vertu de pureté; d'autres fois, il enflamme notre colère. Dans les uns il produit la jalousie, chez les autres il fait naître une avarice sordide. Il varie ses tentations de mille manières; il jette ceux-ci dans une folle prodigalité, tandis qu'il plonge ceux-là dans le vice honteux de l'ivrognerie.

Heureux ceux qui savent se mettre sous le bouclier de la foi et repousser tous les traits de l'ennemi. Le vénéré Michel Guérin aimait à se réfugier au pied du tabernacle, afin que Dieu réprimât la fureur des démons. Là, prosterné en présence du divin Sauveur qui réside dans les tabernacles, il suppliait les anges de protéger et de défendre les habitants du Pont-main.

C'est une loi de l'ordre spirituel que plus un homme s'applique à acquérir les vertus et à se sanctifier, et plus il déchaîne contre lui les fureurs des esprits de l'abîme. A mesure qu'il fait des progrès dans le bien et qu'il travaille à gagner des âmes à Dieu, la rage du démon prend des proportions plus grandes. Mais en même temps la divine grâce lui est aussi accordée avec plus de surabondance et les saints anges redoublent de vigilance en leur faveur.

Dieu met toujours sur la croix ceux qu'il aime avec le plus de prédilection, c'est ce qu'il fit à l'égard du vénéré curé du Pont-main. Pour atteindre ce but, il se sert de la malice des démons, soit que ceux-ci agissent ouvertement, soit qu'ils prennent pour instruments des hommes méchants et pervers, ce qui est le cas le plus habituel.

Certes, le pieux Michel Guérin était loin d'aimer les querelles, il était de ceux qui préfèrent tendre la joue gauche après avoir reçu un soufflet sur la droite. Néanmoins un soir, en revenant de visiter un de ses confrères, il fut attaqué par un voleur. Il put réussir à terrasser son adversaire ; mais, soit par suite de son émotion, soit à cause des secousses violentes qu'il éprouva, à partir de ce moment, il ne cessa d'éprouver de vives douleurs intérieures.

Le ciel avait permis cet accident pour avoir occasion d'accroître les mérites du vénéré Michel Guérin. Il fut désormais en proie à une souffrance qui ne le quitta pour ainsi dire plus jusqu'à sa mort. Il ne pouvait qu'avec peine rester à genoux sans s'exposer à un évanouissement. S'il priait, sa voix s'arrêtait souvent, à cause de l'oppression de sa poitrine. A nos yeux, tout cela n'eut lieu que par l'intervention diabolique, mais ces tribulations ont embelli dans le ciel la couronne du vieux curé du Pont-main.

Il a plu à Dieu de nous mettre en relation avec une âme pieuse à laquelle le vénéré Michel Guérin a bien voulu apparaître. Dans cette apparition, il a daigné donner connaissance des grandes épreuves que les démons lui avaient fait endurer pendant son passage sur la terre. C'était au moment où nous étions occupé à écrire ce chapitre de sa vie.

Si nous n'avions pas à craindre de révéler des secrets qu'il est prudent de taire, nous ferions le récit des croix que les esprits de malice ont fait porter au pieux curé du Pont-main. Il est certain qu'un bien petit nombre de serviteurs de Dieu ont été l'objet de semblables tribulations. Ceux qui ont connu dans l'intimité ce saint prêtre comprendront les faits auxquels nous faisons allusion. L'apparition du pieux Michel Guérin a été un sujet de grande consolation.

C'est aussi pour nous un devoir de signaler ici les maladies qui ont pour cause, principe et auteur les esprits de malice. Celle dont se trouva atteint le pieux curé du Pont-main doit être rangée dans cette catégorie. Le grand caractère qui distingue ces maux, c'est qu'ils résistent à toute médication naturelle ; l'unique remède à leur opposer consiste à avoir recours aux bénédictions, aux reliques ou aux prières dans les sanctuaires les plus vénérés.

Il serait trop long d'énumérer tous les maux dont les démons sont les auteurs, car ils sont en nombre encore plus considérable que les mille et mille infirmités et maladies naturelles dont la nature humaine est affligée. Mais l'action du saint sacrifice de la messe met un grand obstacle à la malice des esprits de ténèbres. La bénédiction du prêtre est aussi très-propre à éloigner les embûches des ennemis de nos âmes. Heureuses les paroisses qui, comme le Pont-main, ont le bonheur de posséder un curé selon le cœur de Dieu !

Le saint curé d'Ars avait fini par s'habituer à toutes les attaques de l'enfer ; elles devinrent même pour lui un sujet de grande consolation. Le Vénérable serviteur de Dieu ne tarda pas à remarquer, en effet, qu'après les luttes les plus terribles, le Seigneur conduisait à ses pieds quelque grand pécheur repentant, ou lui procurait le don d'une aumône considérable. Aussi il entrait dans une joie naïve lorsque le démon redoublait ses fureurs :

« Il est en colère, disait-il, c'est bon signe; il va nous « venir de l'argent et des pécheurs. » (*Le Curé d'Ars*, t. I, p. 349.)

C'est par la foi et par la patience que Michel Guérin parvint à dompter et à vaincre les esprits de malice. Cet homme de Dieu avait reçu du ciel la grâce de réaliser le vœu du grand apôtre saint Paul : « Que Dieu vous accorde de fouler Satan sous vos pieds au plus tôt : *Deus autem det vobis conterere Satanam sub pedibus vestris velociter.* » (Ad Rom., ch. XVI, v. 20.) Celui que la sainte Écriture appelle le *Fort-armé* était devenu son captif, il lui a arraché pendant sa vie des milliers de victimes, pour les ramener sous le joug si doux de Jésus-Christ.

Il y a dans ces exemples des illustres serviteurs de Dieu un grand enseignement qui nous invite à étudier les mystérieux secrets des tentations de Satan à l'égard des hommes et les moyens d'y remédier. Un saint fait plus de mal à l'enfer que des milliers d'autres personnes. Satan en faisait un jour l'aveu au sujet du Vénérable curé d'Ars : « Que tu me fais souffrir ! S'il y en avait trois comme toi « sur la terre, mon royaume serait détruit. » Il est permis de faire l'application de ces paroles au pieux Michel Guérin, car, comme le curé d'Ars, il a travaillé avec succès, pendant tout le cours de sa longue carrière sacerdotale, à détruire l'empire du démon sur les âmes.

CHAPITRE IX

Les saints anges sont envoyés vers nous pour notre protection et notre défense. — Combien le pieux Michel Guérin aimait à les invoquer; il en recevait de grandes lumières. — De quelle manière le vénéré curé du Pont-main recevait les inspirations des saints anges. — Témoignages qui pourraient attester que ses conseils avaient parfois un caractère prophétique. — Heureux fruits de grâce opérés dans la paroisse du Pont-main. — Dévotion du pieux Michel Guérin envers la très-sainte Vierge et le glorieux saint Joseph. — Grandeur et excellence de la dignité du sacerdoce aux yeux du vénéré curé du Pont-main.

Les saints anges sont les ministres du Dieu vivant; ils sont envoyés vers nous pour notre protection, et ils s'acquittent de ce ministère avec une vigilance qui ne saurait jamais être en défaut. Un des anges gardiens disait un jour à un serviteur de Dieu : « Sache bien que je ne « suis pas comme l'un d'entre vous, je connais mon de« voir dans la lumière de Dieu, et je n'ai pas à craindre « ni de me tromper, ni d'être infidèle aux ordres reçus « d'en haut. »

Le vénéré Michel Guérin avait appris dans les saints enseignements de l'Église combien il importe de nous rendre favorables les anges de Dieu. Aussi il avait pour eux une dévotion affectueuse, un profond respect et une grande vénération. Il savait qu'il était sans cesse en leur présence, et il aimait à les supplier de lui venir en aide, afin de rester fidèle à Dieu et de triompher de toutes les embûches du démon.

C'est une sainte pratique d'appeler à notre secours les saints anges, lorsque nous désirons obtenir le succès dans une pieuse entreprise. Les anges de Dieu ont une grande vertu pour dissiper les tentations, disposer les cœurs et nous préparer aux effusions de la divine grâce. Pour chasser au loin les esprits de malice, il leur suffit de faire un signe, et de donner un ordre ; les plus fiers démons sont contraints de se soumettre à tout ange, si celui-ci agit au nom de Dieu.

C'est aux lumières divines dont il était favorisé par le canal des saints anges que le vénéré curé du Pont-main était redevable de la justesse de ses décisions et de la sûreté de ses conseils, soit au tribunal de la pénitence, soit ailleurs. Les personnes les plus dignes de respect qui l'ont consulté en divers cas difficiles n'ont eu qu'à se louer de ses jugements et de ses appréciations.

A titre de directeur, le pieux Michel Guérin a été toujours un homme remarquable, mais ce n'était pas à la science acquise dans les livres qu'il devait la sagesse dont il était doué. Il avait eu un Maître qui enseigne plus utilement que les hommes, c'est l'Esprit-Saint. Plusieurs de ses confrères qui se sont conformés à ce qu'il leur avait dit, se plaisent à avouer combien il avait une profonde prévoyance des choses.

Ce sont les saints anges qui nous envoient toutes les bonnes pensées, et c'est à leur ministère que nous sommes redevables des célestes inspirations qui nous viennent d'en haut. Sans le concours des anges nous ne saurions marcher dans les voies de la vérité, dans les sentiers de la justice et dans la pratique de la vertu. Nous serons à jamais impuissants à reconnaître toutes les grâces qui nous sont accordées par ce canal de bénédiction.

L'expérience avait révélé tous ces mystérieux secrets au vénéré curé du Pont-main. Aussi, s'il allait visiter un malade, il se mettait en prière et il invoquait son ange gardien, afin qu'il préparât son cœur à suivre la douce impulsion de la divine grâce. En saluant un de ses paroissiens, il aimait aussi à saluer l'ange qui l'accompagnait, et cette manière d'agir rendait son ministère fructueux.

Les saints docteurs qui ont traité les questions de la vie spirituelle, et en particulier ceux qui ont examiné à fond le beau sujet de la mystique chrétienne, nous enseignent qu'il y a deux sortes d'inspirations qui nous viennent de Dieu, par le canal des saints anges. Il y a des âmes qui ont le privilége de voir ce qui est inaccessible aux sens des hommes. Par un don de Dieu, ils ont la faculté d'entendre les anges, de pouvoir parler avec eux. C'est ce qu'on appelle les âmes élevées à un état surnaturel.

Mais il y a aussi une autre manière de recevoir les inspirations des saints anges. Ce ne sont pas des locutions claires et formelles, mais une illumination de l'esprit. Nous savons tous que le Vénérable serviteur de Dieu, J.-M.-B. Vianney, curé d'Ars, était favorisé du premier don, le vénéré Michel Guérin avait reçu du ciel l'autre privilége.

Le saint curé d'Ars avait des visions, des révélations; il avait même le don de la lumière prophétique à un degré tel, qu'un petit nombre de serviteurs de Dieu en ont été ornés. D'après les faits que nous connaissons le Vénérable J.-M.-B. Vianney avait une telle lumière divine qu'il pénétrait les mystérieux secrets de l'avenir; en lui ce don était comme un état habituel. Nous avons la confiance que le Procès apostolique mettra en pleine lumière cette précieuse faculté qui était le fruit de la divine grâce dans son âme.

A l'égard du pieux Michel Guérin, il recevait les illuminations des saints anges, mais non par des locutions claires et formelles. La lumière céleste lui était accordée par une opération angélique, et celle-ci, quoique non distincte et formelle, n'en était pas moins claire et certaine. Tous ceux qui ont la connaissance de la mystique comprendront facilement notre pensée.

Il serait facile, si on voulait recueillir les témoignages, de montrer que les décisions et les conseils du pieux curé du Pont-main ont eu parfois un caractère prophétique. C'est surtout depuis sa mort que plusieurs personnes sont heureuses de raconter ce qu'elles ont appris de sa bouche, parce qu'elles en voient la réalisation de point en point. Pour nous, qui ne l'avons connu qu'un petit nombre de jours, nous avouons qu'il était évident que le vénéré curé du Pont-main avait le don d'une illumination angélique et nous le certifions sans crainte de nous tromper.

Du reste, le pieux Michel Guérin porte sur son front une couronne d'épreuves qui suffit pour attester en lui un illustre serviteur de Dieu. Il a pratiqué les vertus les plus difficiles à un degré éminent. Il a eu l'oubli de lui-même d'une manière admirable. Il a poussé l'esprit de détachement des biens terrestres et la libéralité envers les pauvres jusqu'à l'héroïsme.

Aussi le ciel s'est plu à répandre ses bénédictions sur son ministère pastoral. A la mort du vénéré curé de Pont-main, il est facile de compter ceux qui ne remplissaient pas leur devoir pascal ; c'est à peine s'il y avait deux ou trois personnes dans toute la paroisse. A l'égard de l'assistance à la sainte Messe, il n'y avait point d'exception; tous étaient fidèles à remplir ce devoir d'obligation. Les habitants sont heureux de réciter leur chapelet ; l'esprit de prière qui animait le vénéré pasteur s'est communiqué aux paroissiens.

Le saint jour du dimanche est réellement sanctifié. Le cabaret n'est jamais ouvert pendant les offices de l'Église. Les bals sont une chose inconnue au Pont-main, de même que les veillées si dangereuses à la jeunesse dans les campagnes. On ne connaît pas les promenades où le vice trouve trop de facilités. Le temps du carnaval est une époque, non de divertissements frivoles et de vains plaisirs, mais de prière et d'expiation.

Ce n'est donc pas sans raison que l'auguste Vierge Marie a daigné choisir Pont-main pour y faire sa solennelle apparition, le 17 janvier 1871. Il y a bien peu de paroisses en France où les mœurs soient aussi pures, et où la foi ait même conservé son doux empire. Et tout cela est le fruit des travaux et du zèle du pieux Michel Guérin.

Il semble aussi que ce n'est pas sans une secrète inspiration du ciel que le vénéré curé du Pont-main se procura des ressources, afin de faire orner le plafond de son église avec des étoiles dorées sur un fond bleu. Lorsque la céleste Reine des anges a fait sa solennelle apparition, Elle s'est montrée dans un vêtement bleu de ciel, et sur cette robe il y avait une fourmilière d'étoiles qui n'étaient autre chose que les anges qui accompagnaient en nombre incalculable leur souveraine Impératrice.

Pendant toute sa vie, le pieux Michel Guérin n'a cessé d'inculquer dans les esprits d'avoir une tendre dévotion envers l'auguste Vierge Marie immaculée. Combien de fois n'a-t-il pas invoqué, dans sa longue carrière sacerdotale, l'appui, l'intercession et le secours de Celle qui est terrible comme une armée rangée en bataille! Les murs de l'église du Pont-main conservent encore le doux souvenir de ces prières incessantes, par lesquelles le vénéré curé s'efforçait de fléchir la colère divine et d'invoquer la miséricorde sur la France.

Le pieux Michel Guérin avait le goût de la prière, il se délectait dans ce saint exercice. Là, au pied des autels, il ne connaissait ni lassitude, ni fatigue; la prière lui donnait des forces nouvelles. Il nous a été donné d'entendre les accents de cette voix, et nous le confessons hautement, il faisait bon prier avec cet homme de Dieu.

A une ardente dévotion envers la céleste Mère de Dieu et des hommes, il joignait une tendre dévotion à saint Joseph, l'époux glorieux de la Reine des anges. Il aimait surtout à méditer sur les prérogatives de ce grand Patriarche, et lorsqu'il voyait dans les divines Écritures que ce saint incomparable avait été appelé du nom de Père de Notre-Seigneur par Celle qui était sa Mère selon la chair, il en était attendri jusqu'aux larmes.

Dans le divin mystère de l'Incarnation du Verbe, il voyait combien Dieu s'était plu à honorer la sainte virginité. Le Fils de Dieu ne voulait rien dans sa naissance qui eût rapport à la loi de la chair et du sang ; il fut conçu dans le chaste sein de Marie par une opération du Saint-Esprit, et le divin Père voulut se donner un représentant de sa paternité en saint Joseph, parce qu'il était vierge. Le pieux Michel Guérin, dans son amour pour la chasteté, admirait et vénérait celui qui, selon les admirables paroles de saint Augustin, a été d'autant plus père de Notre-Seigneur, qu'il a été plus pur et plus fidèle à la sainte virginité.

La dévotion envers le glorieux saint Joseph convient surtout aux prêtres, c'est pourquoi elle avait des attraits si puissants pour le vénéré Michel Guérin. De même que le vénérable curé d'Ars, il se redisait à lui-même : « Quelle grâce que celle d'être prêtre ! Dieu le Père nous « traite avec autant de faveur que saint Joseph : comme « à ce grand Patriarche, il nous confie son divin Fils. »

Le vénéré curé du Pont-main n'oubliait jamais qu'il était prêtre. Il avait pour le caractère sacré dont il était revêtu un amour auprès duquel tout ce que les hommes appellent de ce nom ne saurait être comparé. Être le ministre de Jésus-Christ et le dispensateur de ses divins mystères, quelle dignité ! Mais ce titre si grand ne lui inspi rait pas de la vanité et de l'orgueil, car il ne cessait de penser au jugement de Dieu : il devait rendre compte de son ministère.

Le prêtre est l'homme de la prière par excellence ; aussi ce que le vénéré curé du Pont-main ne pouvait faire par l'efficacité de la prédication, la bonté de son cœur, les égards de sa conduite et la générosité de ses aumônes, il l'obtenait par la puissance de la prière. Du reste, il savait, ainsi que le vénérable curé d'Ars, tout le pouvoir qu'une âme pure a sur le bon Dieu. Ce n'est pas elle qui fait la volonté de Dieu, c'est Dieu qui fait sa volonté. Combien de fois le pieux Michel Guérin en a fait la suave expérience pendant sa vie, mille témoins pourraient l'attester et le signer.

L'illustre sainte Thérèse a écrit : *Chemin de la perfection*, ch. III : « Il vaut mieux un seul prêtre qui soit véri- « tablement saint que cent autres qui ne sont que bons « et vertueux. » Pont-main peut redire que la grande sainte a eu raison ; il est heureux pour cette paroisse d'avoir eu pour curé le vénéré Michel Guérin, qui a fait refleurir dans son sein la piété, la vertu, les bonnes mœurs et la dévotion.

CHAPITRE X

L'amour envers Dieu nous donne une charité sans limites pour le prochain. — Tendresse du vénéré Michel Guérin pour les pécheurs et son zèle pour leur salut. — Les pauvres avaient aussi part à la bonté de son cœur. — Sentiments du vénéré curé du Pont-main à la vue du bien opéré dans les âmes. — Vertus de prédilection du pieux Michel Guérin ; sa vie est au-dessus de tout soupçon. — L'humilité est la compagne inséparable de la chasteté. — Patience du vénéré curé du Pont-main au milieu des épreuves.

Le prêtre qui aime Dieu avec un cœur pur, a nécessairement pour son prochain un amour et une charité qui sont pour ainsi dire sans limites. L'amour ardent du vénéré curé du Pont-main envers Celui qui lui avait donné l'être et la vie, lui inspirait une tendresse ineffable envers ses frères. Les défauts de ceux qui l'approchaient ne pouvaient arrêter les élans de sa charité, jamais il ne se laissait dégoûter, et il prodiguait à tous, sans acception de personnes, les marques de sa bienveillance et de sa bonté.

Mais c'est surtout à l'égard des pécheurs que son cœur avait des excès de bonté, de condescendance et de tendresse. S'il pensait à l'état de leur âme, il ne pouvait retenir ses larmes, et il priait, afin que le ciel leur vînt en aide pour se convertir. A l'imitation du saint curé d'Ars, il redisait sans cesse : « Quel dommage que des âmes qui

« ont coûté tant de souffrances à Notre-Seigneur, se per-
« dent pour l'éternité ! »

Aussi, il accueillait les pécheurs au tribunal de la pénitence comme un père qui revoit son fils égaré rentrer dans la maison paternelle. A la vue d'une âme obstinée dans le mal, il ne s'irritait pas, mais son cœur était saisi d'une immense compassion ; il se rappelait alors que le divin Sauveur, sur la croix du Calvaire, a eu pitié de ses bourreaux et a invoqué sur eux la clémence de son Père. Il s'écriait souvent, comme le Vénérable J.-M.-B. Vianney, à la pensée de la perte des âmes : « Mon Dieu, est-il « possible que vous ayez enduré tant de tourments, et « que les âmes des pécheurs soient la proie de Satan ? »

Le saint désir qui consumait l'âme du pieux Michel Guérin était de travailler au retour des pécheurs vers Dieu. Il avait souvent présent à son esprit ces belles pensées que le Vénérable curé d'Ars exprimait ainsi : « Prions « donc pour la conversion des pécheurs, c'est la plus « belle et la plus utile des prières. Les justes sont dans « le chemin du ciel, les âmes de purgatoire sont sûres « d'y entrer.... Mais les pécheurs, les pauvres pécheurs... « il y en a quelques-uns qui sont en suspens. Un *Pater* « et un *Ave* suffiraient pour faire pencher la balance. « Que d'âmes nous pouvons convertir par nos prières ! « Celui qui tire une âme de l'enfer, sauve cette âme et « la sienne propre. Toutes les dévotions sont bonnes, « mais il n'y en a pas de meilleure que celle-là. » (*Esprit du curé d'Ars*, p. 316.)

Les pauvres seuls et les indigents avaient quelque

chance de disputer la place d'honneur dans le cœur du vénéré curé du Pont-main. Il a eu pendant toute sa vie un amour de prédilection pour les pauvres, ils étaient à ses yeux des frères qu'il devait aimer. Dans aucune occasion il ne tolérait qu'on les rebutât ou qu'on les accablât d'injures.

Il y a tant de grâces promises à ceux qui aiment les pauvres, qu'il faut pardonner les excès où les serviteurs de Dieu se laissent entraîner dans leur générosité envers eux. C'est un bonheur d'avoir des pauvres à qui nous pouvons faire du bien, car ils nous offrent un moyen assuré de racheter nos péchés et de sauver nos âmes. Notre-Seigneur nous a enseigné, nous dit saint Paul, qu'il y a plus de bonheur à donner qu'à recevoir, *Beatius est dare quam accipere*, et l'expérience confirme la vérité de cette divine parole.

Il ne convient pas de répéter sans cesse aux pauvres et aux indigents : « Vous êtes des paresseux, vous pourriez bien travailler. » Le saint curé n'agissait point ainsi, et le vénéré Michel Guérin n'avait point sur les lèvres ces reproches. Nous avons vu que c'était le bon plaisir divin que notre saint Benoît Labre mendiât son pain. Tout le monde l'a rebuté, et l'Église mieux éclairée sur les volontés du ciel a élevé aux honneurs suprêmes rendus aux saints sur nos autels ce mendiant volontaire qui a été l'objet de tant d'opprobres pendant sa vie.

Si le pieux Michel Guérin avait une tendresse ineffable pour les pécheurs, c'est qu'il avait sans cesse devant ses yeux qu'il paraîtrait au jugement de Dieu. Il pensait qu'il aurait besoin de miséricorde, d'indulgence et de pardon, et il voulait exercer la miséricorde envers les autres, afin de la mériter pour lui-même.

Le vénéré curé du Pont-main était indifférent aux marques de vénération que lui attirait la réputation de sa vertu ; comme le Vénérable serviteur de Dieu J.-M.-B. Vianney, il n'oubliait jamais que Dieu est d'autant plus sévère envers nous qu'il nous a comblés avec plus d'abondance de ses dons. Le grand saint Grégoire nous dit, en effet, que plus les grâces s'accroissent en nous, et plus aussi s'accroît le compte à en rendre, *cum enim augentur dona, rationes etiam crescunt donorum.*

Il y a pour chacun de nous une obligation rigoureuse de faire valoir les talents qui nous ont été confiés par le ciel, et parmi ceux-ci il faut énumérer les grâces qui nous ont été accordées. Le pieux Michel Guérin ne mettait jamais en oubli cette pensée; c'est pourquoi, pendant le cours de sa longue vie, il a été l'homme du devoir.

A la vue du bien que Dieu se plaisait à faire par son ministère, le vénéré curé du Pont-main, loin de s'enorgueillir, y trouvait le secret d'entrer plus profondément dans son néant. A l'imitation du saint curé d'Ars, il aimait à se dire : « Le bon Dieu m'a choisi pour être « l'instrument des grâces qu'il fait aux pécheurs, parce « que je suis le plus ignorant et le plus misérable des « hommes. S'il y avait dans le diocèse un prêtre plus « misérable que moi, Dieu l'aurait pris de préférence. » (*Esprit du curé d'Ars*, p. 331.)

Comme saint Paul, le pieux Michel Guérin se réjouissait au milieu de ses infirmités spirituelles et des misères de son âme. Plein de mépris pour lui-même, il aimait à penser que Dieu l'avait placé dans une petite paroisse, où il était ignoré et inconnu. « Dieu, disait-il, de même « que le saint curé d'Ars, m'a fait cette grande miséri-« corde de ne rien mettre en moi sur quoi je puisse « m'appuyer, ni talent, ni science, ni force, ni vertu. « Je ne trouve en moi, quand je me considère, que mes « pauvres péchés. Encore le bon Dieu permet-il que je « ne les voie pas tous, et que je ne me connaisse pas en « entier. Cette vue me ferait tomber dans le désespoir. »

Parmi les vertus que le vénéré curé du Pont-main aimait à cultiver, il faut signaler en premier lieu la pureté sacerdotale. Le devoir de son ministère l'obligeait à immoler chaque jour sur l'autel la victime sainte, l'Agneau sans tache; pour rien au monde il n'aurait consenti à s'approcher du Saint des saints, après avoir terni la beauté de son âme par la souillure du péché. Pour tenir entre ses mains Celui qui est né d'une Mère Vierge, il voulait à tout prix conserver sa virginité.

Ainsi l'enfer a eu beau multiplier ses ruses, lui tendre des piéges grossiers, où une vertu commune aurait infailliblement fait un triste naufrage, le pieux Michel Guérin, se souvenant du vœu solennel de chasteté qu'il avait fait à Dieu, en acceptant le sous-diaconat, n'avait point de peine à rester fidèle à la vertu.

Dieu se plaît à bénir le ministère du prêtre qui n'hésite pas à faire tous les sacrifices pour conserver pure et sans tache la robe blanche du sacerdoce. Celui qui monte au saint autel, orné de l'aube éclatante de blancheur, symbole de la pureté, et qui sait résister aux séductions de la chair et du sang et aux tentations encore plus terribles de l'enfer, n'a point de peine à obtenir de Dieu des grâces de choix pour lui-même et pour les autres.

Le grand apôtre saint Paul nous invite à demander à Dieu de ne permettre aux démons à notre égard que des tentations humaines; cette parole suppose évidemment qu'il existe, en effet, des tentations diaboliques d'une telle violence que la nature humaine en est opprimée. Le pieux Michel Guérin a été exact à écouter cette recommandation du saint apôtre et nous savons d'une manière sûre qu'il a remporté à ce sujet des victoires éclatantes, dont Dieu s'est plu à le couronner d'une grande gloire dans le ciel.

Il y a de nos jours un grand nombre de personnes qui se plaisent à insulter les membres du clergé, au sujet du vœu de perpétuelle chasteté, mais le pieux Michel Guérin est un des prêtres qui justifient l'Église dans cette prescription. Il a su parcourir une longue carrière sacerdotale, sans qu'aucun soupçon légitime ait pu l'atteindre. Sans doute il a pu être l'objet des plus indignes suppositions; le saint curé d'Ars, cet ange de la terre, n'a-t-il pas été attaqué aussi à ce sujet? mais du moins nul homme sage n'a jamais eu occasion de révoquer en doute la pureté de sa vie sacerdotale.

La pureté de cœur, de corps, d'esprit et de sentiment, en un mot, la sainte virginité, a pour compagne inséparable l'humilité. Dieu se plaît à abaisser l'orgueil en livrant celui qui se livre à ce vice aux misères et à la honte de l'impudicité, et c'est justice. Quiconque s'élève sera humilié, nous dit l'Écriture, et quelle plus grande humiliation que de se voir abaissé au-dessous des brutes par le vice impur.

Tous ceux qui ont connu le vénéré Michel Guérin lui rendent le témoignage qu'il a été humble et qu'il aimait à enseigner aux autres cette vertu, qui est en nous le vrai fondement de l'édifice spirituel. « Si vous pensez à élever « une construction d'une grande hauteur, nous dit saint « Augustin, il faut avant tout penser au fondement de « l'humilité, car d'autant plus l'édifice sera élevé, et « d'autant plus il faut creuser profondément la base. »

Le saint curé d'Ars disait de cette vertu : « L'humi« lité est comme une balance; plus on s'abaisse d'un « côté, et plus on est élevé de l'autre. » Or, jamais cette vérité ne s'est mieux réalisée qu'en notre vénéré curé du Pont-main. Plus il était obscur, inconnu, ignoré dans sa petite paroisse, et plus l'auguste Vierge Marie s'est plu à entourer d'éclat, de gloire et d'honneur son nom, qui est devenu historique, à cause de la solennelle apparition du 17 janvier 1871.

L'orgueil est l'ennemi capital de nos âmes; c'est là pour nous le grand obstacle qui nous empêche de devenir des saints. Nous sommes tristes, si les hommes voient nos défauts, les misères dont nous sommes accablés; nous aimons à faire connaître nos bonnes œuvres. Or tout cela nous prive de grands mérites. Le pieux Michel Guérin songeait à thésauriser pour le ciel; et dans ce but, il ne craignait point les mépris. Il aimait surtout à cacher ses bonnes œuvres, et il prenait à la lettre cette divine leçon des saintes Écritures : « Que votre gauche ignore ce que « fait votre droite. »

Le vénéré curé du Pont-main ne cherchait pas les biens terrestres, et en cela il manifestait l'humilité de son cœur; il aimait même le dépouillement. Il aimait à penser qu'il était pauvre, et il ne pouvait supporter le luxe. Jamais il ne s'est permis des meubles somptueux, car à ses yeux rien n'égalait la beauté de la pauvreté évangélique...

Dieu voulait que le vénéré Michel Guérin vécût pauvre, aussi il lui ménagea les plus belles occasions de se détacher des biens terrestres. Sa pieuse mère, devenue âgée, vint au Pont-main, afin de couronner sa vie par une sainte mort. Au bout d'un an, elle mourut entre les bras de son fils, et elle alla recevoir la couronne des justes. Pour toute fortune elle laissait trois cents francs de rente sur un bien qui lui appartenait.

Or, une cousine qui n'avait point de santé vint solliciter du vénéré curé du Pont-main de vouloir bien lui faciliter les moyens de vivre, car, disait-elle, elle ne voulait point se marier. Le généreux Michel Guérin n'ayant aucune défiance, n'hésita point à lui donner le bien sur lequel il touchait sa rente; peu de temps après, celle-ci se maria et tout fut perdu. Mais à cette occasion la vertu du vénéré curé se montra avec éclat, il se contenta de dire : « Je suis heureux de ne plus rien posséder. » Néanmoins il ajouta : « Si jamais je faisais des économi es, je

« les laisserais aux pauvres ; ma famille n'en aura rien. »

Tous les hommes appliqués à la vie intérieure savent combien il en coûte pour atteindre à ce règne paisible sur nous-mêmes et sur nos passions, où l'âme ne se laisse jamais troubler, au milieu des causes diverses d'émotion qui surgissent souvent dans la vie. Le pieux Michel Guérin était parvenu à se dominer lui-même ; il savait rester toujours maître des mouvements de son âme. Dans tous les temps, et en toutes circonstances, il était bon, paternel et toujours calme.

Ceux qui l'ont connu savent combien il était facile dans ses rapports. Il accueillait tout le monde avec bonté, et il ne rebutait personne. C'est par la patience que nous parvenons à posséder notre âme ; or le vénéré curé du Pontmain avait été mis aux plus rudes épreuves de la patience, et son âme n'avait trouvé là qu'un moyen de s'unir à Dieu.

CHAPITRE XI

La persécution est un signe qui révèle les serviteurs de Dieu. — La confiance des personnes des paroisses voisines suscite au pieux Michel Guérin des ennemis. — Combien il est difficile de reconnaître les caractères de sainteté dans les élus de Dieu. — Les plaintes de ses confrères obtiennent une défense de confesser les étrangers à la paroisse. — Peines dont fut accablé le pieux Michel Guérin par cette prohibition. — Après les confrères, les séculiers accablent de calomnies le vénéré curé du Pont-main. — Manière dont il fait son profit des croix. — Honneur que lui fait la très-sainte Vierge.

Un serviteur de Dieu ne commence jamais à se révéler dans la sainte Église aux yeux des pieux fidèles, sans susciter en même temps des persécutions. C'est à ce signe et à cette marque que le ciel atteste qu'il prend en lui ses complaisances et qu'il bénit les œuvres et les travaux de son ministère apostolique. C'est une loi de l'ordre spirituel que tous ceux qui veulent vivre conformément aux règles de la vraie piété seront en butte à la persécution et à l'épreuve, *qui pie volunt vivere persecutionem patientur*.

Il y a là un mystère profond de la divine grâce, mais, à l'aide de la réflexion, nous pénétrons la raison de cette économie providentielle. Il faut bien observer ici que les serviteurs de Dieu ne sont pas soumis à la tribulation par ceux dont l'esprit est pervers et le cœur corrompu, ou ceux dont la volonté est entre les mains de Satan ; ils ont surtout à souffrir la persécution de la part des personnes bonnes et vertueuses. Ce n'est que lorsque les saints sont parvenus au sommet le plus élevé de la perfection qu'ils cessent d'être pour les hommes une sorte de piége fatal.

Nous lisons dans la Vie du vénérable serviteur de Dieu J.-B.-M. Vianney, curé d'Ars, que les succès merveilleux de son ministère, loin d'être pour ses confrères un sujet d'édification, ne furent pour eux qu'un objet de scandale. Aussi ils résolurent d'apporter un remède à ce qu'ils considéraient comme un mal, dans leur aveuglement étrange, et ils ne craignirent même pas de recourir aux moyens les plus violents.

Il en fut de même pour le vénéré curé du Pont-main ; son zèle pour le bien des âmes, sa tendre compassion pour les pécheurs, la bonté de son cœur, l'ardeur de sa prédication avaient la vertu d'attirer non-seulement les paroissiens, mais aussi diverses personnes des paroisses voisines. Le confessionnal du pieux Michel Guérin fut assiégé, et les habitants des environs désertaient leur église, pour aller écouter ce nouveau Jean-Baptiste dans sa petite paroisse.

La vue d'un état de choses si contraire à ce qui a lieu ordinairement suscita des ennemis au vénéré curé du Pont-main. Un orage se forma contre lui, et Dieu le permit, afin de donner une occasion de mérites à ce prêtre zélé qui était aimé du ciel. C'est ici l'occasion de méditer sur cette grande vérité que la croix apporte aux élus du Seigneur des biens d'un prix inestimable. A l'aide des épreuves, des persécutions, des tribulations de toute sorte, ils entrent dans les voies de la sainteté, et par là Dieu les rend dignes d'être favorisés des dons précieux de sa grâce.

La confiance, d'après les voies ordinaires, doit suivre l'éclat et l'importance du poste. Or le pieux Michel Guérin était placé dans une petite et pauvre paroisse. Le nom de ce prêtre était à peine connu, car il n'avait point le prestige éblouissant de la science acquise et d'un talent brillant. Comment dès lors s'expliquer l'estime et la considération dont il était entouré? Il était choisi pour Directeur des âmes, et néanmoins il était loin d'être un Docteur.

Il est plus difficile qu'on ne saurait le croire de reconnaître les caractères de la sainteté dans un serviteur de Dieu. A toutes les époques, dans tous les pays, et dans toutes les conditions, l'erreur sur ce point a été le lot des plus illustres personnages. Les saints ont toujours été méconnus, surtout au début de leur carrière dans la vertu. Notre-Seigneur, la très-sainte Vierge, le glorieux saint Joseph ont passé au milieu des leurs et ceux-ci n'ont point su voir qu'ils avaient sous les yeux les hommes les plus grands en vertu dont la terre pouvait être honorée.

Il n'y a point lieu de nous étonner de ce phénomène d'aveuglement, mais il y a là néanmoins pour nous une leçon salutaire à recueillir, c'est la nécessité de mettre en pratique ce précepte que Notre-Seigneur nous a si fortement inculqué : Ne jugez point et vous ne serez point jugés, *nolite judicare et non judicabimini*. Rien n'est plus facile que d'errer dans nos jugements sur les hommes, car nous ne connaissons point les intentions qui les dirigent. Comment pouvons-nous savoir si Dieu n'a pas donné sa grâce à celui-ci ou à celui-là, pour marcher dans une voie, et si nous l'ignorons, la prudence et la sagesse nous imposent de respecter la loi de la charité qui nous défend de diffamer notre prochain.

A Ars, il y eut des curés du voisinage qui défendirent à leurs paroissiens, même sous peine de refus d'absolution, d'aller se confesser au curé d'Ars. Il y en eut qui ne craignirent point de dénoncer du haut de la chaire les abus du pèlerinage naissant. « Dans ce temps-là, disait « le Vénérable serviteur de Dieu, avec une douce ironie, « on laissait reposer l'Évangile dans les chaires, et par là, « tout autour, on prêchait sur le pauvre curé d'Ars. »

Il y a là un sujet de damnation, si on ne se hâte d'ouvrir les yeux. Nous en citerons un exemple : dans un diocèse du centre de la France il y avait un serviteur de Dieu qui attirait la foule autour de son confessionnal. Une statue de Notre-Dame de la Salette placée dans son église avait le privilége de recevoir la visite de nombreux pèlerins. Un curé du voisinage crut pouvoir parler en chaire contre ce qu'il appelait des abus étranges. Mais Dieu ne tarda pas à châtier une témérité si grave que celle de faire de la chaire de vérité, une chaire de pestilence, c'est-à-dire de diffamation. Dès ce jour il ne reparut plus dans sa chaire, et peu de temps après il comparut au tribunal de Dieu.

A l'égard du vénéré Michel Guérin, il fut arrêté dans une réunion d'ecclésiastiques de dénoncer à l'évêque du diocèse la conduite si peu mesurée de ce prêtre à qui, disaient ses ennemis, son ignorance et son peu de capacité devaient inspirer plus de modestie et de réserve. Les plaintes contre le pieux curé du Pont-main se renouvelèrent à diverses reprises avec une extrême violence.

Hélas ! jusqu'où peut aller l'aveuglement, puisqu'un jour un confrère écrivit au saint curé d'Ars : « Monsieur le curé, quand on a aussi peu de théologie que « vous, on ne devrait jamais entrer au confessionnal. » Ainsi le véritable serviteur de Dieu que le ciel éclairait de ses divines lumières était méconnu, injurié et maltraité par les siens : c'est la loi des choses de l'ordre spirituel. Les hommes ici-bas ne savent point à quels caractères la sainteté se révèle au monde.

Il en fut de même pour le pieux Michel Guérin. Les dénonciations furent si réitérées, elles avaient un tel cachet de malice cachée, qu'elles obtinrent le succès; S. G. Mgr l'évêque se laissa surprendre et il fut fait défense au vénéré curé du Pont-main d'entendre en confession une seule personne qui n'appartiendrait pas à sa paroisse. Il ne fut plus permis à aucun étranger de s'adresser à lui; c'était dès lors une sorte d'interdit, restreint il est vrai, quant aux personnes et aux lieux.

Il advient quelquefois que Dieu permet que les supérieurs ecclésiastiques se trompent, soit par suite de rapports pleins d'astuce et de perfidie, soit par des re lations mensongères. Dans les cas de ce genre la croix pour les serviteurs de Dieu est d'une pesanteur qu'il est difficile de faire comprendre. L'autorité aux yeux du prêtre a un caractère sacré, ceux qui en sont revêtus représentent Dieu lui-même; dès lors être frappé par le glaive qu'ils ont en leurs mains est une épreuve au-dessus de toutes les autres, et il faut bénir ici cette main qui vous frappe, non-seulement sans se plaindre, et sans murmurer, mais en ne voyant que Dieu dans la souffrance dont on est la victime.

Il ne nous sera jamais possible de décrire tout ce que le vénéré curé du Pont-main eut à souffrir pendant cette période de sa vie. Lui seul pourrait nous dire l'amertume dont son cœur a été inondé et les larmes qu'il a versées au pied des saints autels. Nous en citerons un exemple pour en juger.

Une personne d'une paroisse voisine était sur son lit, et elle s'obstinait à ne vouloir faire sa confession qu'au pieux Michel Guérin. La mère vint en donner avis au vénéré curé, mais celui-ci se trouvant lié par les ordres de ses supérieurs ecclésiastiques ne pouvait suivre ni l'impulsion de son zèle, ni le mouvement de son cœur. C'est donc en vain que cette femme désolée et toute en larmes le conjura de venir près de la moribonde; il fut obligé de la laisser partir seule.

Mais s'il ne pouvait donner l'aide de son ministère à cette pauvre âme, il ne la délaissa point dans cette suprême détresse. Il courut donc s'enfermer dans sa chambre, et là il supplia avec des torrents de larmes l'auguste

Vierge Marie Immaculée de ne point laisser sans secours cette mourante. Dieu entendit ses supplications, et les exauça ; cette brebis égarée obtint la grâce de vaincre ses répugnances et elle fit sa confession au curé de sa paroisse. C'est ainsi que le ciel exauce ceux qu'il aime.

Mais si les serviteurs de Dieu savent courber humblement la tête devant les ordres de l'autorité qu'ils vénèrent et respectent toujours, ils ne se laissent point décourager, lorsque le salut des âmes est en péril. Agneaux paisibles pour souffrir, ils sont pleins d'énergie pour revendiquer les droits sacrés de leur ministère, lorsque le bien des âmes l'exige. Accablé de peine le pieux curé du Pont-main alla exposer à Mgr l'évêque les tracasseries dont il était l'objet dans son ministère.

Il fut facile au digne et illustre prélat de voir que la jalousie était le mobile dont Satan s'était servi pour aveugler ceux qui causaient les soucis et les désagréments au vénéré curé du Pont-main, aussi il l'exhorta à continuer ses efforts pour la conversion des pécheurs. L'accueil qu'il avait reçu fit oublier au pieux Michel Guérin tous les chagrins, car il était fort de la promesse de l'évêque qui lui avait dit de s'adresser directement à lui, si quelqu'un osait tenter de mettre des entraves à la liberté de son ministère. L'interdiction dont nous avons parlé avait duré deux mois entiers.

Le cœur du vénéré curé du Pont-main a été inondé d'amertume en de nombreuses circonstances. Si ses confrères le maltraitaient, les séculiers gardaient encore bien moins la mesure à son égard. A Ars ils poussèrent l'impudence jusqu'à attaquer la moralité de cet ange de la terre ; ils couvrirent même de placards infâmes les murs de son presbytère, asile sacré d'innocence, de pénitence et de prière. Il ne faut pas dès lors nous étonner de voir le pieux Michel Guérin en butte à des accusations d'infamie, car ses épreuves n'ont servi qu'à ajouter de nouveaux fleurons à la couronne immortelle du serviteur de Dieu.

Le vénéré Michel Guérin a souffert, mais il a gardé le silence, jamais le murmure n'effleura ses lèvres. Il savait même trouver une excuse pour ceux qui le condamnaient. Les âmes pieuses s'associaient à ses douleurs, elles gémissaient avec lui, mais il ne leur permettait point de se plaindre des injustices dont il était l'objet.

Au milieu de ces flots de tribulations il avait un refuge assuré, un lieu de retraite, un abri de protection, c'était d'aller aux pieds de la statue de Marie. Lorsque la diffamation, la calomnie le couvrait de ses noirs venins, il venait là ouvrir son cœur, avec un abandon d'un fils envers une mère chérie, et il était toujours consolé.

La leçon que nous devons retirer de ce qui précède, c'est celle qui nous a été enseignée par le saint curé d'Ars. « La croix, disait-il, a donné la paix au monde, « c'est elle qui doit la porter dans nos cœurs. Toutes « nos misères viennent de ce que nous ne l'aimons pas. « C'est la crainte des croix qui augmente les croix. Une « croix portée simplement, et sans ces retours d'amour

« propre qui nous exagèrent les peines, n'est pas une croix.
« Une souffrance paisible n'est pas une souffrance. Nous
« nous plaignons de souffrir. Nous aurions bien plus de
« raison de nous plaindre de ne pas souffrir, puisque
« rien ne nous rend plus semblables à Notre-Seigneur
« que de porter sa croix. Oh! belle union de l'âme
« avec Notre-Seigneur par l'amour et la vertu de la
« croix. »

La croix a pour effet certain, lorsque nous la recevons des mains de Dieu, de nous unir à lui. Elle développe aussi dans notre âme à un degré éminent l'esprit de prière. Ces heureux fruits furent accordés au pieux Michel Guérin. Sous le pressoir de la tribulation il acquit dans une perfection plus grande le don de prière, et tous les biens lui vinrent par ce canal.

Le ciel le préparait ainsi à voir dans sa paroisse la solennelle apparition de l'auguste Vierge Marie; pour cela il devait être foulé aux pieds et traité comme le rebut et l'opprobre des hommes. Dieu n'accorde jamais ses dons à ceux qui n'ont pas été soumis aux épreuves; ici-bas, c'est une loi absolue, il faut acheter toute grâce de choix, ou la payer après l'avoir obtenue. C'est à ce point de vue qu'il convient de se placer, pour juger des souffrances dont toute la vie du pieux Michel Guérin n'a cessé d'être semée.

Lorsque la céleste Mère de Dieu, la Reine des anges et la terreur des démons, a eu fait choix du Pont-main pour y faire éclater les merveilles de sa grâce, elle a honoré en même temps le vénéré pasteur de cette paroisse.

Aussi l'autorité épiscopale comprit qu'il était convenable de conférer au vénéré Michel Guérin le titre et la dignité de chanoine honoraire. Il y a donc même ici-bas des réparations pour les maux dont nous souffrons, nous en avons ici un éclatant exemple. Toutefois, si la terre ne voit pas réparer toutes les injustices, la foi nous enseigne que dans le ciel il n'y aura rien d'oublié, car tout ce que nous aurons souffert en vue de Dieu deviendra pour nous un sujet de récompense éternelle.

CHAPITRE XII

Description du pays et de la contrée où est située la paroisse du Pont-main. — De l'antiquité de ce lieu; prophéties qui annonçaient pour le Pont-main une nouvelle ère de bénédiction. — Vicissitudes diverses de la paroisse; elle devient une annexe de Saint-Ellier. — Le Pont-main pendant la tourmente révolutionnaire. — En l'année 1840, le pieux Michel Guérin obtient l'érection en paroisse. — Le vénéré curé fonde une messe à perpétuité en témoignage de gratitude. — Les pratiques de piété mises en honneur au Pont-main. — Bienfaits du saint scapulaire.

Avant d'entrer plus avant dans le récit de la vie du vénéré curé du Pont-main, il ne sera pas sans intérêt de dire quelque chose sur les origines de cette paroisse et sur le pays où elle est placée. Le diocèse de Laval est formé de l'ancienne province du Maine; mais la partie où est le Pont-main a reçu le nom de Bas-Maine. Toute cette zone de l'Ouest de la France est appelée le *pays bocage*, si célèbre dans les guerres de la Vendée, à la fin du dernier siècle.

Cette contrée est humide et assez froide, mais elle est couverte d'une admirable végétation. Les prairies y sont toujours vertes; les arbres sont magnifiques et le sol aux formes onduleuses imite vallées et montagnes. L'œil du voyageur est ravi, s'il vient dans la belle saison, mais il ne faut pas oublier que ce n'est que par euphémisme que la température de ces pays est dite tempérée.

Le Pont-main est un modeste bourg, qui ne s'élève pas au delà de quatre à cinq cents habitants ; deux cents environ pour l'agglomération principale qui se groupe autour de l'église, le reste est disséminé dans les hameaux environnants. Il a été érigé en succursale, mais non en commune ; le Pont-main est donc de la commune de Saint-Ellier, et du canton de Landivy. Cette paroisse se trouve dans le Bas-Maine, à l'extrémité nord-ouest du département de la Mayenne et confinant à l'Ille-et-Vilaine.

Le pèlerin qui arrive au Pont-main, de quelque part qu'il y pénètre, s'avance sous une double rangée d'arbres grands et variés qui forment une sorte d'avenue royale à l'église. Les maisons du bourg sont ensevelies dans un feuillage ; de loin on n'aperçoit qu'un vaste rideau de grands bois et des haies épaisses, qui entourent les champs en pleine culture qui donnent du froment, du chanvre, du sarrasin et des pommes de terre.

Le Pont-main remonte à une antiquité assez haute. Vers l'an 863, un prince breton du nom de Meen vint s'établir en ce lieu ; mais déjà il y avait un centre de population. Par la résidence du seigneur, le Pont-main devint chef de châtellenie ; il fut à la tête de quatorze paroisses, à cause du château fort dont on voit encore les ruines.

Lorsque les Anglais ravagèrent les provinces de l'Ouest en 1373 et 1431, le Pont-main finit par tomber en rui nes. C'est à cette époque que commença à circuler une double prophétie qui s'est perpétuée à travers quatre siècles : la première, c'est que le Pont-main redeviendra ville alors que Paris sera brûlé ; la seconde, qu'un trésor lui sera donné qui lui permettra de se relever. Cette espérance avait été mise en rimes :

Lorsque Paris se brûlera,
Le Pont-main se relèvera.

Certes, nul des habitants n'aurait osé croire que le trésor promis au Pont-main était une solennelle apparition de la très-sainte Vierge, qui ferait accourir les pèlerins des lieux les plus éloignés.

Puisque le Pont-main possédait un château fortifié qui avait servi de résidence aux seigneurs, il est facile d'admettre que dès le IXe siècle, il y avait là un aumônier qui avait sans aucun doute les pouvoirs ordinaires d'un curé. Après la ruine du château par les Anglais, l'autorité épiscopale, qui avait son siége au Mans, transféra la cure à Saint-Ellier. Toutefois, la chapelle du Pont-main continua à être desservie, mais à titre d'annexe et de succursale, par un des vicaires de Saint-Ellier.

Dans les documents des archives paroissiales, le vicaire de Saint-Ellier, desservant le Pont-main, y est nommé : *chapelain du Pont-main, vicaire de la chapelle succursale du Pont-main*. On possède la liste de ces ecclésiastiques, depuis l'an 1575 jusqu'en 1829. Il est bon de noter ici, qu'afin d'être en mesure de mieux remplir les fonctions de leur ministère, les vicaires finirent par établir leur résidence au Pont-main ; ils y firent tous les exercices paroissiaux. Aussi, aux yeux des habitants, ils étaient de véritables curés.

Au moment où la Révolution éclata, le pasteur qui était à la tête de ce petit troupeau était un prêtre du diocèse de Coutances, M. l'abbé Bazin. Il refusa de prêter le serment à la constitution civile du clergé, et par suite de cet acte si digne d'un vrai prêtre, il fut condamné à être déporté à l'île de Jersey, avec 402 prêtres du diocèse du Mans. M. l'abbé Bazin resta en exil pendant six années, mais le vénéré pasteur n'oublia point son troupeau, et il y eut entre lui et ses paroissiens une correspondance écrite.

Vers l'an 1799, celui-ci quitta Jersey, et il revint au milieu de ses enfants. Il resta là encore pendant dix ans; puis il fut nommé à la cure plus importante de Saint-Ellier, dont le Pont-main dépendait comme une chapelle vicariale. Le pieux M. Bazin était un prêtre modèle, et il était plein d'une tendre dévotion à la très-sainte Vierge. C'est à lui que les habitants du Pont-main doivent l'habitude, qui a été si bien développée par le vénéré Michel Guérin, de réciter le chapelet.

A M. l'abbé Bazin succéda pour desservir le Pont-main M. l'abbé Tençay ; celui-ci mourut, de même que M. l'abbé Bazin, en 1829. Nous avons dit, dans les premiers chapitres, comment le pieux Michel Guérin avait été nommé vicaire à Saint-Ellier, et chargé de desservir le Pont-main. Ce ne fut qu'en 1836, que l'illustre et vénéré Mgr Bouvier, évêque du Mans, lui permit de prendre possession des 500 âmes qui étaient confiées à son zèle et à son dévouement d'apôtre.

La paroisse du Pont-main n'était pas encore reconnue par l'État, mais à la suite des démarches les plus persévérantes, le vénéré Michel Guérin parvint à lui faire accorder ce titre, en l'année 1840. Le pieux pasteur du Pont-main a toujours été convaincu qu'il était redevable de l'érection de cette paroisse à l'intervention de l'auguste Vierge Marie. Aussi il constitua la Reine des anges la patronne et la gardienne vigilante de ses paroissiens.

Le pieux curé du Pont-main était si convaincu de l'importance de la faveur accordée par le ciel, qui avait promis d'ériger cette chapelle vicariale en paroisse, qu'il fonda une messe à perpétuité pour le bien spirituel de tous ceux qui avaient eu part à l'heureuse issue de cette affaire. La gratitude a toujours été le caractère distinctif de ce prêtre dont le nom est à jamais immortel.

Cette décision fut approuvée par le conseil de fabrique, et l'autorité épiscopale y donna sa sanction. Au-dessous de ce tableau affiché dans l'église, le vénéré Michel Guérin y ajouta cette prière, dont nous sommes heureux de donner ici le texte :

« O Dieu, qui aimez à pardonner et qui désirez le « salut des hommes, nous supplions votre miséricorde et « nous vous prions, par l'intercession de Marie toujours « vierge et de tous les saints, de faire parvenir à la béa- « titude éternelle, nos associés, nos frères, nos parents, « nos amis, nos bienfaiteurs défunts. Pardonnez, Sei-

« gneur, pardonnez à votre peuple : ne soyez pas éter-
« nellement irrité contre nous. »

Nous avons déjà dit ce qu'était devenue la paroisse du Pont-main sous l'action du zèle dévorant du pieux Michel Guérin; il était à la lettre l'ange de Dieu pour les habitants. Le vénéré curé était en prière une bonne partie de la journée et le plus souvent de ses nuits. Il avait la conviction profonde que c'est par la prière qu'on fait violence au ciel, et il priait avec la foi ardente d'un serviteur de Dieu, et avec la constance, la persévérance et l'humilité qui traversent les nues, et font descendre d'en haut les grâces et les bénédictions.

Mais il se distinguait surtout par son amour envers la très-sainte Vierge; il avait sans cesse ce nom béni sur les lèvres; il ne savait parler que des amabilités de cette auguste Reine des Anges, dans ses catéchismes, dans ses prônes, dans ses sermons, au confessionnal ou dans ses entretiens particuliers.

Lorsque le souverain pontife Pie IX déclara dogme de foi, en l'année 1854, la conception Immaculée de la Vierge Marie, le pieux Michel Guérin se distingua entre tous par l'adhésion qu'il donna à cette croyance et la solennité et l'éclat qu'il donna à la célébration des fêtes. Aussi, par une inspiration du ciel, afin de perpétuer le souvenir de cette grande joie apportée à son cœur, il fit vœu d'allumer, pendant toute la durée des offices paroissiaux, dans les grandes solennités, et dans les circonstances graves et importantes, quatre cierges dont il régla la disposition d'une manière particulière.

Nous verrons dans le récit de la solennelle apparition de la très-sainte Vierge, qu'il y avait aussi dans le cercle bleu, quatre bougies qui furent allumées par un ange, apparaissant là, sous le symbole visible d'une étoile brillante. Il ne saurait dès lors être douteux que le vénéré curé du Pont-main n'ait obéi à une inspiration céleste, lorsqu'il disposa les cierges qui devaient brûler autour de la statue de la très-sainte Vierge. Mais les cierges eux-mêmes avaient évidemment une signification plus élevée, et c'est ce qu'il convient de rechercher par la science des symboles.

Les habitants du Pont-main étaient à juste titre fiers de leur pasteur. Par ses catéchismes il disciplinait la jeunesse et elle devenait facilement docile à l'action de la divine grâce. Les prônes, bien conçus d'après un plan, faisaient acquérir à tous une solide instruction religieuse. La fréquentation des sacrements achevait le reste, car la confession et la sainte communion sont les grands leviers du monde moral et surnaturel.

Mais, ainsi que l'enseignait le grand et illustre saint Ignace, fondateur de la compagnie de Jésus, la foi ne doit pas seulement avoir son fondement dans la pratique des sacrements, il faut lui donner aussi une autre base. C'est à ce titre qu'il recommandait d'autres pratiques de piété, telles que les saintes confréries, les scapulaires, et les diverses dévotions que le ciel ne cesse d'inspirer, selon les besoins des temps et des âmes.

La lumière d'en haut avait révélé tous ces secrets au pieux curé du Pont-main. Aussi, après avoir renouvelé et

6.

mis à honneur l'habitude de réciter le chapelet, que M. Bazin avait introduite dans la paroisse, il engagea tous les habitants à porter le saint scapulaire. Chacun s'empressa de se vêtir de cette livrée de l'auguste Vierge Marie, et au milieu de leurs travaux, ils ne craignent pas de montrer aux yeux de tous qu'ils ne rougissent point de ce saint habit.

Que de grâces ne recevons-nous pas par le canal des scapulaires? C'est un bouclier contre mille maux dont nous serions les tristes victimes, si ce signe de protection et de salut ne nous défendait des traits de nos ennemis! Dans le ciel seulement nous connaîtrons toute l'efficacité de cette armure céleste, qui repousse au loin les poisons de l'enfer.

Ce serait ici le lieu de faire connaître toute la gravité des maléfices dont les suppôts des démons se servent pour nuire à ceux qui servent Dieu avec piété et dévotion. Par nous-mêmes nous serions impuissants à nous préserver de ces maladies mystérieuses qui affligent nos corps et sont une oppression pour nos âmes, mais à l'aide de ces secours mystérieux par lesquels la sainte Église nous protége, nous sommes mis à l'abri des desseins des méchants.

Un curé qui, à l'imitation du pieux Michel Guérin, sait enrôler tous les habitants d'une paroisse sous les livrées de la céleste Reine des Anges, rend à ceux-ci le plus signalé des services spirituels. C'est par cette intervention salutaire, qu'il est l'ange de Dieu auprès de ceux qui sont confiés à sa sollicitude pastorale.

CHAPITRE XIII

Nécessité de pourvoir aux besoins des âmes par l'établissement des écoles dans les paroisses. — Fondation des sœurs au Pont-main pour l'école et le soin des malades par Mme Morin. — Épisode historique sur Mme Morin, l'insigne bienfaitrice du Pont-main. — Générosité de cette pieuse dame envers le vénéré Michel Guérin. — La religion est la seule source où se forment ces grandes vertus. — Origine de l'Institut des religieuses adoratrices de la justice de Dieu. — Triple but que se propose l'Institut; son esprit de Réparation. — Comment l'école est l'auxiliaire indispensable de l'Église par l'éducation de la jeunesse.

Les âmes souffrent de la faim spirituelle, comme les corps s'affaiblissent, s'ils sont privés de la nourriture qui convient à leur nature. C'est par les bonnes œuvres que nous fortifions en nous les forces de l'âme, et il importe de les multiplier ; de même, c'est par l'instruction des choses de la science sacrée que la vertu prend en nous des racines plus fortes, pour résister aux assauts des tentations qui peuvent nous assaillir.

Le vénéré curé du Pont-main n'ignorait pas la nécessité de l'éducation; il savait qu'elle est pour l'âme ce que la culture est pour les champs; mais il voulait à tout prix une instruction et une éducation religieuses. Il ne suffit pas de développer l'intelligence, il faut surtout mettre les enfants à l'abri du vice et les prémunir contre les penchants funestes de notre nature viciée par le péché originel.

Le clergé désire le progrès de l'instruction, — et les siècles passés sont là pour l'attester, — mais il ne saurait jamais permettre que les jeunes générations soient élevées en dehors des enseignements vivifiants de la religion. Il n'y a que la doctrine de l'Église qui soit capable de faire germer les vertus qui ont été infuses au saint baptême. Aussi, l'Église a toujours considéré, comme sa mission la plus sacrée, le soin de donner l'éducation à l'enfance.

Le pieux Michel Guérin devait à juste titre se préoccuper avant tout de l'urgente nécessité de pourvoir à l'éducation des enfants, et surtout à obtenir que l'instruction donnée fût toute religieuse. Mais le Pont-main n'était pas une commune, et la paroisse n'ayant qu'environ 500 habitants, il ne pouvait y avoir qu'une seule école pour les enfants des deux sexes.

Il fut résolu qu'on mettrait à profit cette circonstance, en vue d'obtenir des religieuses pour faire l'école et pourvoir au soin des malades. Mais avant de parler de cette fondation, il convient de revenir sur ses pas et de faire connaître les insignes bienfaiteurs du Pont-main, M. Morin et sa vertueuse épouse. Ainsi que nous l'avons déjà dit, à côté de tous les saints prêtres, Dieu a toujours soin de placer des cœurs d'élite, qui leur prêtent un concours actif et souvent le secours des aumônes les plus abondantes.

Nous placerons donc ici, à titre d'épisode, un résumé

rapide des œuvres de Mme Morin, qui a été associée par la divine Providence au pieux Michel Guérin, pour préparer la paroisse du Pont-main à être digne d'être choisie par l'auguste Vierge Marie pour y faire sa solennelle apparition, le 17 janvier 1871.

C'est une vérité, le ciel avait des vues sur celle qui fut Mme Morin, dès ses plus jeunes années; et afin que celle qui pendant toute sa vie devait vivre en religieuse en connût bien tous les devoirs, Dieu disposa que Mlle Thérèse Blot entrât en communauté à Fougères. La pieuse demoiselle passa là plusieurs années, et elle était sur le point de prononcer ses vœux de religion, lorsque Dieu la retira du couvent, pour qu'elle vînt au milieu du monde y faire un bien qui subsistera pendant longtemps.

Au moment où la fervente novice se préparait à faire ses vœux, elle reçut la visite d'un de ses oncles qui vint lui représenter que sa sœur était mourante et qu'il était impossible à sa mère de lui prodiguer tous les soins nécessaires. Dans cette situation son oncle lui dit que sa mère réclamait sa présence, et qu'elle devait rentrer dans le monde, où du reste il lui serait permis de servir Dieu avec tout le zèle et le dévouement qu'il lui plairait.

Mlle Blot jugea de son devoir de connaître quelle était la volonté de Dieu à son égard. Elle se mit en retraite, et après de longues prières, elle pensa que le ciel avait en vue qu'elle revînt au milieu de sa famille. Mais elle ne changea rien à sa manière de vie. Quelques années après, elle se maria avec M. Jacques Morin; mais ce ne fut que dans le désir de se consacrer avec plus de liberté à toutes les œuvres de charité.

Mme Morin était de Fougères, mais les époux possédaient des biens au Pont-main, et chaque année ils venaient y passer la belle saison, en villégiature, pour faire le bien autour d'eux. Nous avons déjà raconté que c'est M. Morin qui apporta à Mgr Bouvier, évêque du Mans, la pétition des habitants du Pont-main pour obtenir un curé. C'est donc à cet homme de bien que le pieux Michel Guérin était redevable d'être venu dans ce lieu où il devait recevoir de si grandes faveurs du ciel.

De même, il faut rappeler ici que Mme Morin n'eut point de repos jusqu'à ce qu'elle eût fait rétablir la chapelle vicariale en paroisse. La population n'a jamais mis en oubli tous les bienfaits de cette famille, et c'est un titre d'honneur, car la reconnaissance de nos jours est devenue une chose rare. Aussi, Mme Morin n'arrivait jamais de Fougères au Pont-main, sans que la cloche fût mise en branle, afin de témoigner combien les habitants étaient heureux de lui donner des gages de la gratitude dont ils étaient animés envers elle.

Mais aussi que de bienfaits n'a pas reçus le Pont-main de la part de cette fervente et généreuse chrétienne. A l'époque où le Pont-main n'était point une paroisse, elle veilla à l'entretien et à la réparation de l'église. Le lieu saint ne présentait qu'une ruine, tout était délabré à l'intérieur, les bancs y tombaient de pourriture. Il n'y avait ni linge, ni ornements, ni chandeliers, ni vases sacrés. Le toit même menaçait de s'effondrer, et l'eau envahissait jusqu'au sanctuaire. Certes, il y avait là de quoi émouvoir une âme pieuse et pleine de charité.

La généreuse dame prit à elle seule ce fardeau. Peu à peu, par son activité et ses soins, l'église prit un aspect de décence; et lorsqu'elle eut l'espérance d'avoir un curé, Mme Morin disposa tout. Il n'y avait point de maison curiale, la générosité de son cœur y pourvut. Le cimetière lui-même fut remis en état et entouré de murailles; en un mot, elle fut la grande bienfaitrice du Pont-main.

Lorsque le pieux Michel Guérin vint au Pont-main, une âme aussi éclairée de la lumière céleste que Mme Morin n'eut point de peine à comprendre le don que le ciel avait fait à cette petite paroisse. Aussi elle entra dans toutes les vues du vénéré curé. Il est vrai qu'elle trouvait de l'excès dans sa charité, mais au fond du cœur, elle se réjouissait de voir une si grande vertu.

C'est Mme Morin qui pensait aux vêtements du pieux Michel Guérin, car sans elle il eût eu souvent à souffrir du froid. A la vue de sa générosité, elle en vint à ne plus lui donner de l'argent qui allait trop vite dans les mains des pauvres et des indigents, mais elle lui envoyait tout ce qui était nécessaire, cidre, blé, ou un peu de vin, afin que le vénéré pasteur pût faire honneur à ceux qui venaient lui rendre visite.

Il serait superflu de démontrer ici à quelle source divine cette bienfaitrice allait puiser ce trésor de dévouement, de zèle et de générosité dont nous venons de voir les traits si dignes d'éloges. Les âmes de ce genre, nous le savons tous, ne peuvent être formées que par la religion, la piété et une pratique religieuse qui est éclairée par la foi. Ainsi l'a écrit M. l'abbé Lochet, dans la *Semaine des fidèles* : « Les âmes aussi noblement libérales et aussi « largement bienfaisantes ne se trempent que dans les « eaux pures du christianisme ; ces cœurs fortement dé- « voués ne sont formés que par les pratiques généreuse- « ment acceptées de la dévotion et de la mortification « chrétiennes. » (T. IX, p. 1045.) Chercher ailleurs qu'au sein de l'Église de telles bienfaitrices, serait peine perdue, car Dieu seul peut les former par sa grâce et l'onction du Saint-Esprit.

Mme Morin devint veuve de bonne heure, mais elle n'en resta que plus fidèle à ses œuvres de charité et aux pratiques de la piété. Avant la venue du vénéré Michel Guérin, comme curé du Pont-main, elle allait visiter les pauvres, les malades, et les pères chargés de famille. Mais, lorsque le vénéré curé fut là, il lui laissa ce soin, et afin qu'il pût joindre des secours à ses bons conseils et à ses exhortations, elle le chargea d'une partie de ses aumônes.

C'était autrefois un saint usage, parmi les familles chrétiennes riches, de remettre une somme importante entre les mains des curés, afin de la répandre par leur canal dans le sein des pauvres. Il y avait là une haute pensée; le ministère du prêtre devenait plus honoré, parce que personne n'ignorait qu'il était le protecteur des pauvres et leur véritable providence. Il serait très-avantageux de revenir à ces manières d'agir qui étaient inspirées par les lumières du ciel.

Il n'existe aucun saint dans l'Église, ni un serviteur

de Dieu qui n'ait eu une immense sollicitude pour l'instruction des enfants. Mais ils ont toujours eu soin que cette instruction fût religieuse.

Dans les entretiens intimes du vénéré Michel Guérin et de la pieuse Mme Morin, il était souvent question d'une école pour les enfants des deux sexes. Ils résolurent dès lors de ne rien négliger pour réussir, et Dieu leur offrit une occasion, selon ses desseins de miséricorde et d'amour. Le lecteur nous pardonnera ici une courte digression sur l'institut des religieuses du Pont-main, parce qu'elles ont eu aussi leur rôle dans la solennelle apparition de la très-sainte Vierge, le 17 janvier 1871.

Vers 1831, à Laignelet, du diocèse de Rennes, mais près de Fougères, et sur les confins du Bas-Maine, il y avait un prêtre bon et pieux, curé de cette paroisse, qui se sentit inspiré du ciel de travailler à l'éducation de l'enfance, en réunissant pour cet objet des institutrices chrétiennes.

Mais M. l'abbé Le Taillandier n'avait pas seulement en vue l'éducation, il voulait aussi conjurer la colère de Dieu par l'expiation. A cette époque de la révolution de juillet, où l'impiété étendait ses ravages, ce vertueux prêtre comprenait les dangers où nous marchions. Il n'est mort qu'en 1870, et il a pu juger que la révolution de nos jours n'a fait qu'accroître les périls pour les âmes. Enfin, il lui semblait aussi utile de songer aux malades, en même temps qu'aux enfants.

Aidé et secondé par une pieuse personne de sa paroisse, Mlle Boivent, le digne prêtre élabora les premières règles d'un institut embrassant ce triple but, sous le nom de *Religieuses adoratrices de la justice de Dieu.* Cette sainte idée fut féconde. Les vocations se présentèrent, et en 1834 la maison-mère fut transférée dans un centre qui offrait plus de ressources, à Fougères.

L'Institut planté, comme un arbre vigoureux, sur les bords des eaux vivifiantes de la grâce, a grandi, et à l'heure présente, il étend au loin ses rameaux, il y a en ce moment quatre-vingt-quinze fondations. Les sœurs pieuses, simples, pénétrées de l'esprit de sacrifice, se consacrent sans réserve aux écoles et aux soins des malades, mais elles n'oublient pas en même temps que leur but est aussi de faire la Réparation par la prière et par l'immolation d'elles-mêmes, sur l'autel du Calvaire, en union avec Jésus et Marie.

Lorsque Mme Morin s'adressa au vénéré fondateur, elle en obtint trois sœurs. Elle avait pris soin de leur préparer le local qui a été agrandi, comme nous le dirons, par un legs du pieux Michel Guérin. Ce fut la seconde maison de l'ordre, en suivant l'ordre des dates des fondations. Par cette générosité, les petits garçons et les petites filles du Pont-main purent recevoir une instruction et une éducation religieuse qui ont porté les plus heureux fruits.

L'école est destinée à venir en aide à l'enseignement qui a lieu à l'église; aussi dans tous les temps, et dans les divers pays, l'Église n'a jamais cessé de travailler à l'établissement des écoles jusque dans les plus petits villages. C'est là où sont inculquées de bonne heure les habitudes de la piété, la connaissance de la religion et des devoirs. Le champ du père de famille reçoit ainsi une première culture, et le pasteur peut sans peine achever le travail, en lui donnant son couronnement et sa perfection.

La bonne sœur Timothée n'a jamais cessé de seconder le zèle du vénéré Michel Guérin auprès des malades. A peine une maladie se déclare-t-elle, elle est là, comme un ange de consolation, pour donner ses soins, indiquer quelques médicaments utiles, et au besoin prévenir que la présence du médecin est indispensable. Tous ceux qui ont vécu au sein des populations des campagnes savent combien tout cela est nécessaire. Or, le Pont-main jouit de ces secours depuis de longues années.

CHAPITRE XIV

La Réparation est l'œuvre divine destinée à sauver la société. — Comment l'œuvre d'expiation de l'abbé le Taillandier s'établit au Pontmain. — Prières faites dans l'Église sous l'impulsion du pieux Michel Guérin. — L'espérance du vénéré curé avait un caractère prophétique. — A l'esprit de prière le pieux Michel Guérin recommande de joindre la pénitence. — Le renoncement à sa propre volonté comme moyen de perfection. — Les œuvres d'expiation au Pont-main. — L'auguste Vierge Marie prophétise cette œuvre dans le symbole des croix plantées sur ses épaules.

La Réparation, disait Sa Sainteté l'auguste pontife Pie IX, est une œuvre divine destinée à sauver la société. Depuis près de deux siècles, le divin Sauveur et la céleste Marie ne cessent de jeter dans la sainte Église cette semence de vie. Aussi à notre époque elle germe, et elle fleurit sur tous les points à la fois. Partout, en effet, nous trouvons des Œuvres réparatrices, de même que des Instituts de Réparation, soit que nous allions à l'ouest, au midi, à l'est et au nord de la France. A Paris, il y a plusieurs Instituts religieux qui se proposent avant tout la Réparation, les uns envers le très-saint sacrement, les autres envers les âmes du purgatoire, mais tous savent que c'est par la prière, la souffrance et l'immolation, qu'ils atteindront le but désiré.

Depuis une vingtaine d'années surtout la Réparation

a pris un immense développement. Il semble que le grain de sénevé, devenu un arbre immense, doive servir à abriter les oiseaux du ciel, c'est-à-dire les âmes lés plus pures et les plus saintes, et à être le paratonnerre sacré pour nous sauver au milieu de l'ouragan déchaîné de la tempête révolutionnaire. Or, le vertueux abbé Le Taillandier avait devancé pour ainsi dire le mouvement, en formant un Institut, ayant pour but essentiel la divine expiation en faveur des âmes.

L'humanité à travers le cours des siècles est soumise à des misères et à des maux plus ou moins graves, et pour guérir il faut un remède proportionné à l'intensité du mal. Or, à l'heure présente, nous sommes à une des époques culminantes de l'histoire, où l'enfer multiplie ses ravages dans les âmes. L'Église est en péril, la foi est en décadence partout, les mœurs privées de même que les mœurs publiques se dépravent, l'athéisme ne craint pas d'élever son drapeau, la société civile est menacée d'une entière dissolution.

A un mal parvenu à un tel excès, il est nécessaire d'opposer une digue, et pour le vaincre, il n'y a d'autres moyens que ceux que la divine Réparation nous met dans les mains. Les méchants s'endurcissent dans le vice, ils roulent d'abîme en abîme, ils deviennent les esclaves de Satan par les passions qui les dominent ; c'est aux bons à prier pour eux, à faire violence au ciel en leur faveur, à s'immoler, s'il le faut, et à se faire anathème du Christ, suivant l'exemple du grand Apôtre, pour le salut de leurs frères.

Le pieux Michel Guérin avait bien compris cette nécessité, et il était à la lettre un vrai réparateur. Il ne faut pas dès lors nous étonner de voir au sein de sa paroisse, envoyées par le ciel, des religieuses inspirées par cet esprit, et qui le seconderont, pour le répandre dans les cœurs des enfants et parmi les habitants. Le bien est contagieux comme le mal, et ceux qui sont bons finissent par entraîner dans les voies de Dieu ceux qui les entourent.

Pour bien comprendre l'esprit qui animait le vénéré curé du Pont-main, il suffit de le voir à l'œuvre, au moment où Dieu châtiait la France de son impiété, et lui imposait les humiliations de la défaite.

Chaque matin l'église était remplie par presque tous les habitants de la paroisse ; ils venaient là pour s'unir à leur pieux pasteur, et prier avec lui au saint sacrifice de la messe. C'est la prière de réparation par excellence, parce qu'elle est toujours exaucée à cause de la victime auguste qui est immolée sur l'autel. Après la sainte messe, d'après les avis et les invitations du vénéré curé, un grand nombre de personnes, mais surtout les mères dont les fils étaient sur les champs de bataille et les enfants en particulier, faisaient le chemin de la croix. Cet exercice est d'une efficacité merveilleuse pour obtenir les grâces les plus difficiles. Les jeunes Barbedette se distinguaient, entre tous, comme nous le verrons, par leur fidélité à ces prières indiquées par leur vénéré pasteur.

Tous les soirs il y avait une nouvelle réunion. Pour faire violence au ciel, on récitait le chapelet, on entendait une pieuse lecture, et on faisait en commun la prière du soir. Ainsi la paroisse du Pont-main ressemblait à un monastère dont tous les membres sont pleins de ferveur. Sous l'inspiration du pieux pasteur, on priait pour la France, pour les malheureux soldats exposés à tant de souffrances et de périls, réduits à vivre au milieu de la neige dans cet hiver si rigoureux. Il est évident que chacun priait d'une manière particulière pour les siens.

Le vénéré Michel Guérin, malgré son âge, trouvait, dans les ardeurs de son zèle, une nouvelle jeunesse. Il ne cessait de prêcher la confiance en Marie ; cette céleste Mère lui inspirait une espérance sans bornes et que les nouvelles de tant de défaites ne pouvaient altérer. Il cherchait à communiquer à tous l'espoir dont il était animé. Aux âmes alarmées et anxieuses sur l'avenir, il ranimait leur courage, sa foi semblait prendre son appui dans les lumières du ciel.

Comme Moïse, et comme Onias, le vénéré curé du Pont-main s'offrait à Dieu en victime, mais surtout il tournait sans cesse les regards vers l'auguste Vierge Marie. « Prions, s'écriait-il, dans les élans de sa ferveur, « prions, mes bien-aimés Frères, prions beaucoup ! fai« sons pénitence ! Mais que rien n'abatte notre courage ! « Espérons, espérons ; la miséricorde viendra, elle vien« dra par Marie ! » Cette parole avait quelque chose de prophétique, car dans la prière nous puisons en Dieu la vraie lumière.

Pendant tous ces saints exercices et ces prières publiques à l'église, le matin et le soir, le pieux curé ne négligeait pas d'allumer, selon sa promesse, les quatre bougies qui étaient placées devant l'image de l'auguste Vierge Marie. Leur disposition était celle que nous verrons dans le cercle bleu de l'apparition, deux à droite, et deux à gauche, et l'une au-dessus de l'autre, avec un petit intervalle. La signification symbolique des bougies qui furent allumées par un ange, dans la solennelle apparition du 17 janvier 1871, suffirait à elle seule pour établir que le pieux Michel Guérin recevait du ciel de secrètes inspirations.

Mais la divine Réparation ne consiste pas seulement à se livrer à une prière fervente, humble, constante et persévérante, il convient aussi d'y associer la pénitence. Le vénéré Michel Guérin savait qu'il en était ainsi. Le ciel ne se laisse fléchir dans les événements graves qu'autant que nous joignons la mortification à l'esprit de prière. Dès lors, en prêchant le recours à la céleste Mère, le curé du Pont-main insistait avec force sur la nécessité de la pénitence, pour fléchir la colère de Dieu.

Il ne saurait y avoir de vraie Réparation sans immolation de soi-même; l'esprit de sacrifice suppose nécessairement la mortification volontairement acceptée. Ainsi que nous le faisait observer un de nos pieux amis, une âme ne peut faire de grands progrès dans les voies de Dieu, sous une habile direction, si la mortification ne vient s'unir à l'esprit de prière.

Tous les exemples des serviteurs de Dieu nous montrent que l'immolation de soi-même est une condition essentielle de l'avancement spirituel, mais comment s'immoler, si on ne se mortifie point? Le saint curé d'Ars se tenait sur l'autel du sacrifice et s'offrait en victime pour obtenir la conversion des pécheurs, aussi il ne reculait pas devant le jeûne, la privation du sommeil, les macérations et les disciplines.

« Dans cette voie, disait-il, il n'y a que le premier « pas qui coûte. La mortification a un baume et des « saveurs dont on ne peut plus se passer ; quand on les a « connus, on veut épuiser la coupe et aller jusqu'au « fond. » Le pieux Michel Guérin avait compris cette céleste doctrine, et il joignait toujours la pénitence à la prière, et il inculquait aux autres ces divins enseignements.

A ceux qui désirent apprendre comment l'âme peut se rendre agréable à Dieu, il faut répondre par la prière et par la pénitence. Néanmoins à tout cela il est nécessaire d'ajouter le renoncement à sa propre volonté. « Toutes les « fois que nous pouvons renoncer à notre volonté pour « faire celle des autres, lorsqu'elle n'est pas contre la vo- « lonté de Dieu, nous acquérons de grands mérites qui ne « sont connus que de Dieu seul... Nous n'avons en propre « que notre volonté ; c'est la seule chose que nous puis- « sions tirer de notre fonds pour en faire hommage au « bon Dieu. Aussi un seul acte de renoncement à la « volonté lui est plus agréable que trente jours de « jeune. » (*Le curé d'Ars.*)

Le vénéré curé du Pont-main mettait en pratique cette doctrine, aussi il ne s'impatientait contre personne. C'est à cette source où il puisait le détachement du cœur, car s'il renoncait aux biens terrestres, ce n'était qu'en vue de travailler efficacement à s'assurer les biens de l'éternelle patrie.

La divine Réparation a ses degrés divers et multiples, selon le plus ou moins de perfection avec lesquels on en accomplit les œuvres et les pratiques. Plus nous avançons vers la fin des temps, et plus les saints que l'Église élève aux honneurs sur nos autels, se présentent avec le caractère de Réparation. Les serviteurs de Dieu désarment le bras de la divine justice, et lorsque le Très-Haut veut frapper la terre, il dit à ces élus de son amour : Laissez-moi, car je vais perdre les enfants de mon peuple. Mais ceux-ci, à l'exemple de Moïse, redoublent de ferveur dans la prière et ils détournent la colère de Dieu. Phinée se mit en prière, dit l'Écriture, et Dieu fut apaisé et le châtiment cessa.

C'est ainsi que le vénéré Michel Guérin comprit ses devoirs de pasteur, au moment des désastres de notre chère patrie. Lorsque l'épouvante se répandait parmi les populations, et que la douleur déchirait tous les cœurs, le curé du Pont-main priait et faisait prier, il invitait les pères, les mères, les enfants, les religieuses, afin qu'on invoquât Celle qui peut nous sauver. Il n'avait qu'une pensée, puisée dans la lumière de Dieu, prier et espérer. « La miséricorde viendra, répétait-il, elle nous « viendra par Marie. »

Ainsi entraînés par l'exemple du pasteur, chacun redoublait d'efforts, et travaillait par la prière et l'expiation à obtenir miséricorde. Personne n'était indifférent;

c'était une vraie croisade de prières. Nous avions déjà dit, en 1857, dans un ouvrage qui a pour titre : *L'âme réparatrice* : « Les événements sont désormais inévitables; le « ciel demande pour nous sauver des prières répara- « trices faites dans les églises par le clergé et les fidèles, « au nom et d'après les prescriptions de l'autorité épis- « copale. »

Au Pont-main, tout cela avait lieu. S. G. Mgr Wicart avait fait la recommandation expresse d'invoquer l'auguste Vierge Marie, et le pieux prélat n'avait pas hésité d'aller en procession à Notre-Dame d'Avesnières. Ainsi le vénéré Michel Guérin, depuis le commencement, n'avait jamais cessé de faire des prières publiques pour nos soldats, et d'indiquer les expiations à accomplir pour obtenir la miséricorde.

Une âme inspirée de Dieu avait déjà dit : « La puis- « sance de Dieu est infinie, c'est par la prière qu'on la « fait descendre du ciel. L'auguste Vierge Marie est la « souveraine des anges, c'est à elle qu'il faut s'adresser, « afin qu'elle vienne réprimer les démons et les en- « chaîner dans l'abîme. » Le pieux curé du Pont-main avait compris cet avis céleste, et à son exemple tous ses paroissiens s'appliquaient à toucher le cœur de Dieu par l'intercession de la divine Mère.

La Réparation se faisait, au Pont-main, non-seulement par la prière, mais par des actes de toute sorte, et à la portée de tous. L'*Angelus* se disait en famille, le chemin de la croix était fait par toutes les âmes pieuses en esprit d'expiation. Le chapelet était récité à l'église à haute voix. Le ciel souffrait violence; aussi, au milieu de tant de sujets de pleurs, un rayon de consolation allait luire pour nous, la divine Mère se préparait à nous consoler.

Si nous considérons, dans leur mystérieuse et profonde signification symbolique, les croix plantées sur les épaules de la très-sainte Vierge, dans son apparition solennelle au Pont-main, nous avons lieu de croire que l'heure n'est plus éloignée, où toutes les branches diverses et multiples de l'arbre de la divine Réparation, qui vont partout prospérant et se développant sans cesse, se rattacheront au tronc béni qui va être formé et dont les apôtres de l'œuvre de Marie seront le noyau, et le centre servant de lien à tous les rameaux de cette œuvre divine. Espérons et prions dans cette attente, car le triomphe de l'Église et la grandeur de notre chère patrie sont à ce prix.

Oh ! le vénéré curé du Pont-main, loin de s'effrayer de ces pensées, ne cessait d'appeler de tous ses vœux la divine Réparation, qui est comme une nouvelle fontaine sacrée en laquelle des âmes sans nombre viendront puiser les eaux du salut. Et c'est parce que l'apparition de la très-sainte Vierge au Pont-main prophétise cette œuvre, qu'il n'y a point de source d'eau comme à la Salette et à Lourdes.

CHAPITRE XV

Des effets de la grâce sanctifiante dans l'âme des justes. — Causes qui ont déterminé le choix du Pont-main pour la solennelle apparition de la Reine des anges. — Au Pont-main les avertissements de la très-sainte Vierge à la Salette ont été écoutés. — Les trois apparitions de la Salette, de Lourdes et du Pont-main ont été suivies de terribles événements. — Comment le pieux Michel Guérin avait organisé une croisade de prières. — La journée des habitants au Pont-main, sous la direction du vénéré curé. — Les dernières recommandations de Mme Morin sont bénies.

Le saint prêtre placé dans une paroisse passe au milieu des siens en faisant le bien. Il est avant tout le médecin des âmes pour guérir toutes les infirmités spirituelles, redresser tous les vices, apaiser les passions, et délivrer de la puissance des démons ceux qui gémissent dans l'esclavage du péché. Tel a été le pieux Michel Guérin au Pont-main. Il ne convient point d'oublier, en effet, que le péché a des conséquences terribles pour nous ; car non-seulement il nous prive des biens ineffables de la grâce sanctifiante et du trésor sans prix de l'amitié de Dieu, mais il nous réduit sous le joug ordinaire des démons et leur donne à notre égard des droits dont ces ennemis ne savent que trop se prévaloir.

Aux yeux extérieurs de notre corps, il ne semble y avoir aucune différence entre le pécheur et l'homme qui vit de l'état de grâce ; ils mangent l'un et l'autre, ils vont et viennent, se livrant à leurs occupations journalières ;

mais en réalité, il n'y a rien de commun entre eux. La divine grâce donne à l'âme du juste des qualités qui ravissent d'admiration les anges et les saints ; tandis que le péché mortel nous rend semblables aux démons.

Le vénéré curé du Pont-main comprenait combien il était avantageux pour ses paroissiens de vivre dans l'état de grâce sanctifiante ; aussi il n'épargnait aucune fatigue pour conserver la foi pure dans les âmes, et pour éloigner du vice tous ceux qui étaient placés sous son autorité d'apôtre et de pasteur.

C'est le moment de rechercher ici pourquoi l'auguste Reine du monde a fait choix du Pont-main, de préférence à tout autre lieu, pour y faire sa solennelle apparition. En Dieu il n'y a rien sans une cause, car il agit en tout avec sagesse, et il dispose toutes choses avec suavité pour arriver à ses fins, selon les décrets éternels qu'il a portés dans sa suprême souveraineté.

C'est un principe absolument certain que Dieu n'agit jamais au hasard. Tout est présent aux regards de son intelligence infinie, le passé, le présent et l'avenir, et rien ne fait défaut à l'immensité de sa science et à la toute-puissance avec laquelle il dispose tout selon son bon plaisir. Or, la céleste Reine des anges participe à la plénitude de la sagesse de Dieu, et tout ce qu'elle fait est marqué au coin d'une entière perfection.

Il faut dès lors nous efforcer de nous rendre compte des causes qui ont attiré sur le Pont-main les regards maternels de l'auguste Vierge Marie, et expliquer ainsi la prédilection qui a déterminé le choix de cette paroisse, pour y faire une apparition à jamais mémorable. Par cette faveur, le Pont-main est devenu un lieu de grâces, un centre béni, un but de pèlerinage qui se développera de jour en jour. Là, sur cette terre désormais sanctifiée et bénie par la présence de notre céleste Mère, de ses anges et de ses saints, les âmes recouvreront l'amitié de Dieu, et les enfants des hommes recevront toutes sortes de bénédictions spirituelles et temporelles.

Dans ces derniers temps, il y a eu en France trois apparitions : à la Salette, à Lourdes et au Pont-main. Il est évident que ces trois faits ont entre eux des relations, et qu'il ne convient point de les considérer comme isolés l'un de l'autre.

A la Salette, l'auguste Vierge Marie vint en versant des larmes, pour nous avertir que les iniquités de la terre appesantissent si fort le bras de son divin Fils, qu'elle ne peut plus le soutenir. Dès lors les châtiments sont suspendus sur nos têtes, et si nous n'écoutons pas les avertissements de notre céleste Mère, ils fondront sur nous comme un ouragan déchaîné.

« Si mon peuple ne veut pas se soumettre, dit la très-
« sainte Vierge, je suis forcée de laisser aller le bras de
« mon Fils ; il est si lourd et si pesant, que je ne puis
« plus le retenir. »

Puis elle parle de la nécessité de sanctifier le saint jour du Seigneur, et de l'obligation de ne point jurer. Enfin, elle recommande la prière.

Or, il faut bien remarquer qu'au Pont-main rien n'avait été négligé pour tarir la source des larmes de l'auguste Vierge Marie et pour mettre à profit ses avertissements salutaires.

Animé d'une immense dévotion pour la très-sainte Vierge, le vénéré curé du Pont-main a pénétré, par la lumière divine, tous ces mystères profonds. Aussi, il a su communiquer à ses paroissiens l'esprit de prière qui est le caractère distinctif qui le distingue. Nulle part on ne prie avec plus d'assiduité et plus d'ardeur qu'au Pont-main, à cette heure douloureuse où le bras du divin Jésus s'appesantit sur nous et châtie si terriblement nos iniquités.

Dans tout ce village, le travail du dimanche est inconnu. Les jurements ne se font jamais entendre. Mais en retour, chacun est revêtu des livrées de la céleste Reine des anges, récite le rosaire et n'oublie jamais de dire l'*Angelus*. Et afin de faire violence au ciel, on fait le chemin de la croix, et on se réunit dans l'église, afin de faire des prières publiques pour la France et pour l'armée. L'âme de ce mouvement est le vénéré curé, et c'est à lui que sont dus tous ces fruits de grâce.

Il est donc au-dessus de tout doute qu'au Pont-main les habitants ont prêté une oreille docile et attentive aux paroles de la très-sainte Vierge à la Salette. Hélas ! il y a eu un si grand nombre d'incrédules en France qui se sont refusés à écouter cet appel maternel : « Depuis le « temps que je souffre pour vous, et vous n'en faites au- « cun cas ! » Mais dans ce village l'incrédulité n'avait point d'adeptes, l'esprit de prière avait incliné tous les cœurs. Ah ! si le ciel daigne nous donner des prêtres qui savent prier et inspirer aux autres le goût de la prière, comme le vénéré Michel Guérin, nous serons sauvés.

Après l'apparition de Notre-Dame de la Salette, nous avons eu la révolution de 1848 ; puis un temps de répit nous a été donné, et loin de nous sanctifier nous sommes devenus pires. L'état moral social de nos jours est plus grave ; mais il faut l'avouer aussi, il y a un bien plus grand nombre d'âmes qui prient et qui expient, afin d'attirer sur nous la miséricorde, la grâce et le pardon.

A Lourdes, l'auguste Vierge Marie vient et répète à la privilégiée à laquelle Elle apparaît : Pénitence! pénitence! pénitence! Enfin la céleste Mère dit : « *Je suis l'Immaculée Conception!* »

Mais au Pont-main, le vénéré Michel Guérin ne cessait de redire à son troupeau : « Faisons pénitence, prions; « la miséricorde viendra; elle nous viendra par Marie. » N'était-ce pas là un écho des paroles célestes de Lourdes, au moment même où le châtiment devenait si pesant que la France était foulée par un ennemi insolent et sans entrailles?

A la Salette, la divine Mère avait été comme un tonnerre; mais à Lourdes, elle ne menace plus. Elle veut exciter la confiance; c'est pourquoi elle se révèle sous ce titre si doux : « Je suis l'Immaculée Conception. »

Nous avons appris dans le récit de cette vie, avec quelle joie le vénéré curé de Pont-main avait accueilli la proclamation du dogme de la Conception immaculée de Marie, et le vœu qu'il avait fait pour perpétuer le souvenir de ce grand bienfait.

Après chacune des trois solennelles apparitions de la très-sainte Vierge à la Salette, à Lourdes, au Pont-main, il y a eu trois fois une révolution qui a mis en péril l'ordre social et amené d'immenses ruines pour le commerce et l'industrie. L'apparition de la divine Mère des douleurs à la Salette a été suivie, à un petit intervalle de temps, du renversement de la monarchie et de la proclamation de la république. Après Lourdes, il y a eu la chute de l'empire et l'avénement d'un gouvernement transitoire, sans mission régulière et légitime. Enfin, après l'apparition du Pont-main, il y a eu le règne d'odieuse et sanglante mémoire de la Commune, à Paris, qui a versé le sang de nos martyrs et menacé de destruction tout ce qui appartient à l'Église. Mais Dieu a abrégé ces jours de deuil, et tous ces hommes ont expié leurs fautes par la mort, ou par l'exil, la prison et la déportation.

Il est facile de voir maintenant combien le vénéré Michel Guérin avait raison, pendant la durée de la guerre, de réunir ses paroissiens dans l'église, de multiplier les prières, le chapelet, les chemins de croix et divers genres d'expiation. La lumière de Dieu l'éclairait sur la marche des événements, et il travaillait avec les siens à les conjurer.

Mais tout n'est point fini, et le danger n'est pas écarté, loin de là. Les bêtes féroces sont toujours prêtes à nous dévorer. La société est toujours telle que Sa Sainteté le pape Pie IX la faisait connaître dans un discours : « Non « seulement les âmes vraiment chrétiennes, mais toutes « les âmes élevées et droites, songent à la situation pré- « sente de la société humaine. En la voyant comme un

« navire agité par les vents au milieu d'une mer orageuse, « exposé à perdre, d'un moment à l'autre, le gouvernail qui sert à le diriger, pour être abandonné au mi- « lieu des écueils du communisme, de l'incrédulité, du « socialisme, elles élèvent toutes les voix au ciel, et s'é- « crient : Seigneur ! sauvez-nous, secourez-nous, avec « votre bénédiction pour éloigner le péril et replonger « dans les profondeurs de l'enfer tous ces professeurs de « doctrines diaboliques. »

Pour triompher au milieu des périls où nous sommes, il faut mettre en pratique tout ce qui nous a été prescrit et recommandé à la Salette, à Lourdes et au Pont-main. Il est vrai que déjà il s'est fait un certain ébranlement, il y a eu parmi nous des pèlerinages nationaux à ces illustres sanctuaires. L'Assemblée nationale, en qui réside le pouvoir souverain, a prescrit des prières solennelles et publiques, et partout nos pieux et illustres évêques ont ordonné de les faire, avec un éclat qui a surpassé toute attente.

C'est dans ces prières solennelles, générales et sociales que nous mettons toute la raison de notre espérance. L'auguste Vierge Marie, la céleste Reine du monde, n'aura donc pas dit en vain, dans sa célèbre apparition du 17 janvier 1871 : *Mais priez, mes enfants*, car en aucun temps, la France n'avait été témoin d'un mouvement de prières semblable à celui que nous avons vu. Oh ! le vénéré curé du Pont-main a tressailli d'allégresse, au fond de son tombeau, en voyant que la voix de Celle qu'il a tant aimée a été si bien écoutée.

Pour bien faire comprendre l'action bienfaisante du pieux Michel Guérin dans la paroisse du Pont-main, il suffit de raconter ici l'emploi chrétien de la journée des deux enfants Barbedette, auxquels l'auguste Vierge Marie a apparu. Ce qui sera dit de ceux-ci s'applique au plus grand nombre des autres enfants, et, dans la mesure de leurs occupations, pour ainsi dire à tous les autres habitants du village.

A six heures ils étaient levés, malgré la rigueur de la saison, et avant tout ils commençaient par offrir leur cœur à Dieu. Ensuite dans cette grange où ils avaient couché ils se mettaient à l'ouvrage. Après ce travail ils allaient saluer leurs bons parents, et là ils récitaient un premier chapelet pour leur frère militaire ; ils n'y ont pas manqué un seul jour.

Le déjeuner était modeste, et aussitôt fait ils accouraient à l'église où les fidèles s'empressaient de venir pour la sainte Messe. Avant de la servir ils récitaient la grande prière du matin et ils faisaient en sorte d'arriver assez tôt pour faire le chemin de la croix, en esprit d'expiation, selon les recommandations de leur vénéré pasteur.

Après la Messe le pieux Michel Guérin montait en chaire, et en union avec cette réunion de fidèles qui n'avaient qu'un cœur et une âme, il faisait les prières publiques. A la venue de la nuit, la cloche appelait de nouveau les fidèles pour réciter le chapelet, entendre une pieuse lecture ou une vive exhortation.

Ainsi qu'on le voit, c'était une croisade de prières ; le

vénéré Michel Guérin avait obtenu de Dieu de communiquer les ardeurs de son âme aux paroissiens, ils avaient un doux attrait pour la prière et plusieurs d'entre eux se délectaient dans ce saint exercice.

Les petites filles ne mettaient pas moins d'ardeur à prier. Sous la direction des vertueuses et dignes religieuses elles ne négligeaient rien pour toucher le cœur de Dieu, et toutes leurs prières montaient au ciel par le canal de l'auguste Vierge Marie.

Au moment où le sol de notre malheureuse patrie était foulé aux pieds par un vainqueur enivré d'insolence et d'orgueil, que la fleur de nos jeunes gens versait son sang sur les champs de bataille, et que la capitale affamée subissait les horreurs de la plus cruelle famine, la pieuse Mme Morin, la bienfaitrice du Pont-main, n'était point morte. Elle avait alors quatre-vingt-dix ans, et elle s'était retirée à Fougères, suivant sa coutume, pour l'époque de la mauvaise saison.

Dès le commencement de janvier, Mme Morin fit inviter la digne supérieure des sœurs du Pont-main à venir lui faire visite; elles s'entretinrent longtemps ensemble des choses de Dieu, et surtout de l'éternité et des œuvres de sa chère paroisse. Elle insista vivement sur la nécessité de conjurer Dieu par la prière. « Ah! ma sœur, dit-elle à diverses reprises, que de malheurs! que d'événements terribles! prions et faisons pénitence.

Mais, faites-vous prier vos enfants? » La sœur lui répondit que bien souvent toute l'école se mettait à genoux et faisait entendre au ciel d'ardentes supplications. « C'est bien, très-bien, ajouta la pieuse malade ; mais faites prier encore plus. » Puis elle se reprit, en disant : « Je ne voudrais pas pourtant surcharger ces pauvres enfants. Mais tenez, il y a un beau cantique de pénitence : *Mon doux Jésus, enfin voici le temps de pardonner à nos cœurs pénitents;* qu'ils le chantent, car le chant sera moins pénible que de longues prières. »

Le désir de Mme Morin était un ordre, il fut suivi et mis à exécution. A son retour la sœur supérieure fit chanter une strophe de ce cantique avant chacun des exercices à l'école. A chacune des heures, à un signal, tous les enfants se jetaient à genoux, et dans cette humble posture, ils chantaient : « *Enfin, mon Dieu, nous sommes à genoux.* »

Ainsi qu'on le voit, le Pont-main faisait violence au ciel ; c'était une sainte conspiration de prières, où chacun rivalisait, avec le pieux pasteur, de zèle et d'ardeur. Tant de vœux devaient être exaucés !

CHAPITRE XVI

Le ciel forme des liens plus forts que ceux de la nature entre les cœurs; mort édifiante de Mme Morin. — La vie du pieux Michel Guérin exige pour être complète le récit de l'apparition. — Description des lieux au Pont-main; noms des témoins de l'apparition. — Comment Eugène Barbedette voit le premier une belle Dame sur la maison de Guidecoq. — Le père Barbedette ne voit rien, mais Joseph a aussi le bonheur de voir la vision. — Victoire Barbedette est appelée; c'est en vain qu'elle regarde. — Il était six heures un quart, lors de cette scène du prologue de l'apparition du 17 janvier 1871.

Le ciel crée des liens si forts et si purs entre les âmes que tout ce qui a le nom d'amitié sur la terre ne saurait lui être comparé. La divine grâce est au-dessus de la nature; dès lors la charité dont Dieu est la source est supérieure à toutes les unions terrestres. C'est ainsi que le pieux Michel Guérin et Mme Morin, liés par la vertu divine, avaient travaillé de concert et d'un commun accord à l'œuvre du salut des âmes, dans la paroisse du Pont-main.

Dans les desseins de Dieu, le moment était venu, pour Mme Morin, de recevoir la récompense de ses bonnes œuvres. Elle avait accompli sa tâche ici-bas. Elle mourut à Fougères, le 11 janvier 1871, dans des sentiments d'une piété admirable. Tous ceux qui l'avaient connue virent dans sa belle fin combien Dieu aime ceux qui se vouent aux œuvres de charité et qui travaillent à leur sanctification.

Il est facile de comprendre la vive douleur du pieux Michel Guérin, à la mort de Mme Morin, l'insigne bienfaitrice de sa paroisse. Des mesures furent prises, afin que le corps de celle qui avait comblé la Pont-main de ses bienfaits, reposât au milieu de ceux qui l'aimaient et la vénéraient. Cette mort fut pour tous un deuil immense, car cette vertueuse dame avait conquis l'estime et la vénération par tant d'années d'une vie toute consacrée à Dieu et aux bonnes œuvres.

Il ne faut pas dès lors s'étonner si un assez grand nombre de personnes se persuadèrent que la pieuse défunte avait obtenu de la très-sainte Vierge, qu'elle fît choix de sa petite paroisse pour sa solennelle apparition. « Notre-Dame, disaient-elles, avait résolu de descendre « sur la terre pour consoler les hommes, et ranimer le « courage ; Mme Morin a si bien plaidé pour nous que le « Pont-main a été choisi ; impossible d'en douter. » Ces sentiments honorent celle qui en était l'objet, mais il est plus exact de dire que pendant toute sa vie, par sa vive piété et par ses œuvres de zèle, en secondant le ministère du vénéré curé, Mme Morin avait contribué au choix divin.

Le pèlerin qui vient visiter le Pont-main arrive en général par la route de Saint-Mars-sous-la-Futaie, qui est la plus fréquentée, parce que c'est celle d'Ernée, de Laval et de Mayenne. Avant les maisons, il y a un pont sur un petit cours d'eau ; de là après quelques pas, il se trouve dans la rue unique du Pont-main.

L'église est vers le milieu de la rue, à droite; une petite place précède; elle est entourée de l'ancien cimetière, et elle a un peu d'élévation du sol, car il faut franchir quelques degrés pour entrer dans la nef, par le côté de l'épître. La maison curiale est à une petite distance.

En arrivant, au côté droit de la rue, il y a la maison des sœurs, et à gauche un peu plus vers l'église est celle de la famille Barbedette. A côté et toujours sur la même ligne il y a la grange couverte de chaume, où les deux enfants ont vu la célèbre apparition de la très-sainte Vierge.

La Vie du pieux Michel Guérin laisserait trop à désirer, elle aurait une lacune trop regrettable, si nous ne donnions pas ici l'exposé complet, exact et authentique de tout ce qui concerne la solennelle apparition de la très-sainte Vierge, le 17 janvier 1871. Nos lecteurs ne nous pardonneraient pas un oubli à cet égard. Il est vrai que ce n'est qu'un épisode dans la vie du vénéré curé du Pont-main, mais c'est là son titre de gloire et le fondement de sa renommée. Sans cette apparition, le nom de ce vénérable prêtre n'aurait jamais passé à la postérité et n'aurait guère été connu que de ceux qui avaient eu avec lui des relations.

Avant tout il faut bien connaître les lieux, puis nous raconterons tous les détails de l'apparition, et le lecteur ému saura avec précision tout ce qui peut l'intéresser.

En face de la grange, mais séparée par la rue et par une aire à battre le grain, se voit une maison qui appartient à la famille Guidecoq. C'est au-dessus de cette maison que la sainte Vierge est apparue; mais en réalité elle était au-dessus d'un champ situé derrière, où a été élevée une colonne avec une statue et qu'à ce titre on a appelé le « champ de l'apparition. »

Il y a eu quatre enfants privilégiés qui ont été les heureux témoins de cette apparition solennelle; voici leurs noms : Eugène Barbedette et son frère Joseph Barbedette, Marie-Jeanne Lebossé, et Françoise Richer, pensionnaires chez les sœurs. S. G. Monseigneur l'évêque ne nomme que ces noms dans son mandement doctrinal.

Le 17 janvier 1871, à cinq heures du soir, la soirée était glaciale ; la terre était couverte de neige, le ciel pur, et les étoiles brillaient au firmament. Le pieux curé était dans son presbytère, et les sœurs priaient chez elles ; ce jour-là la supérieure était absente.

Les deux enfants Barbedette étaient dans la grange, avec leur père, pour piler, avec de gros marteaux en bois, des ajoncs destinés à la nourriture des chevaux. L'horloge de l'église était arrêtée par le froid, mais il était environ cinq heures et demie, lorsqu'une femme du bourg vint parler au père Barbedette. Le moment marqué par le ciel était venu, et l'auguste Vierge Marie va manifester sa présence.

Eugène Barbedette s'approcha vers la porte de la grange, et il regardait quel temps il faisait. Tout à coup en levant les yeux en haut, en face de lui, l'enfant est frappé par une vision merveilleuse qui apparaît au-dessus de la maison d'Augustin Guidecoq.

« Une *Dame*, d'une beauté ravissante, admirable de « majesté, était là, se tenant au milieu de l'air, à une « hauteur d'environ vingt pieds au-dessus du toit. Elle « regardait, et elle semblait même sourire au petit Eu- « gène. Sa robe, du bleu le plus doux à l'œil, était par- « semée d'étoiles d'or de haut en bas, elle n'avait point « de ceinture, ni de taille, et tombait du cou jusque sur « les pieds. La chaussure était bleue aussi et un ruban « d'or y paraissait à nœud sous forme de rosette. »

« Un voile noir cachant extérieurement les cheveux et « les oreilles et couvrant le tiers du front, retombait sur « les épaules jusqu'à la moitié du dos. Rejeté en arrière, « il ne cachait pas la figure. Sur la tête il y avait une « couronne d'or, sans autre ornement qu'un étroit lise- « ron rouge, situé à peu près au milieu. La couronne, « haute à peu près de vingt centimètres, était posée sur le « voile; elle ne montait pas tout droit, mais en s'élargis- « sant comme un cône renversé. »

« La figure de celle que nous nommerons la très- « sainte Vierge, d'après la décision canonique de S. G. « Monseigneur l'Évêque de Laval, était petite, mais « d'une blancheur éblouissante; ses traits exprimaient « une bonté inexprimable. Les mains étaient abaissées « et étendues, ainsi qu'on a coutume de représenter « Marie Immaculée. »

A cette vue l'enfant fut saisi de stupéfaction, il restait là, ne sachant s'il devait en croire ses yeux. « Jamais, » a-t-il dit dans ses dépositions, « on n'a rien vu de pareil « ni en personne, ni en image. »

Toutefois le souvenir de son frère qui n'avait point écrit depuis trois semaines le préoccupait. C'est peut-être, pensa-t-il, une annonce de sa mort. Une vive douleur le saisit, mais lorsqu'il vit que la *Dame* lui souriait avec une bonté ineffable, il fut rassuré. Les messagers de mort ne viennent jamais à nous avec le sourire sur les lèvres.

Eugène, cloué là par l'admiration, ne cessait de regarder depuis moins d'un quart d'heure et il ne pouvait s'expliquer cette merveille. Jeannette, cette femme qui parlait à son père, vint à sortir : l'enfant l'arrête sur le seuil : « Jeannette, dit-il, regardez de ce côté, en haut, « au-dessus de la maison de Guidecoq, ne voyez-vous « rien? »

« Ma foi, mon pauvre Eugène, répond celle-ci, j'ai « beau ouvrir les yeux, je ne vois rien que les étoiles du « ciel. »

Joseph Barbedette avait entendu ce qui se disait; poussé par un mouvement dont il ne cherchait pas à se rendre compte, il vient. Le père aussi s'approcha saisi par la manière dont son enfant s'était exprimé. Après s'être rendu compte de la direction indiquée, il regarda et de même que Jeannette il ne vit que les étoiles du ciel.

Mais le petit Joseph vit aussitôt le spectacle qui se déroulait dans les airs. « Oh! s'écria-t-il, je vois une belle Dame, là, au-dessus de la maison de Guidecoq.

— Quel est son habit ? dit Eugène. — Oh ! elle a une robe toute bleue, et des étoiles sont dessus ; ses chaussons aussi sont bleus, avec des boucles d'or. — Dis, Joseph, regarde bien, si elle a une couronne, ajouta Eugène. — Oui, elle en a une toute dorée qui va en s'agrandissant en haut, avec un petit filet rouge au milieu, et puis un voile noir. » Les deux enfants ravis dans la contemplation de ce spectacle s'extasiaient, et se répétaient l'un à l'autre leurs observations.

Le père Barbedette faisait en vain mille efforts pour voir, il ne découvrait à l'endroit indiqué qu'un ciel étoilé, de la neige sur le toit, et puis rien. « Mes pauvres petits, » dit-il enfin, « si vous voyiez quelque chose, Jeannette et « moi qui avons de bons yeux, nous verrions aussi. « Rentrons à la grange et vite faisons notre besogne. » Cet homme simple ne pensait pas alors que les choses surnaturelles ne se voient pas avec les yeux du corps, si Dieu ne nous vient en aide par une lumière spéciale, qui permet de voir les visions célestes.

Les enfants habitués à une docilité parfaite obéirent sans faire aucune objection. Ils se mirent à piler les ajoncs tout pensifs. En même temps Barbedette priait Jeannette de ne rien ébruiter : « Car, il y en a bien qui « ne voudront pas croire ce que disent ces petits et cela « ferait peut-être du scandale. »

Mais cette affaire lui donnait les plus vives préoccupations. Il savait que ses enfants étaient pieux, d'une conscience délicate, incapables de mensonge. Il avait entendu leurs paroles, considéré l'admiration dont ils étaient animés, et tout cela passait et repassait dans son esprit.

Un instant après, il ne peut plus se maîtriser. « Eu-« gène, va donc t'assurer si tu vois encore la même « chose. » L'enfant, qui brûlait du désir de revoir la belle *Dame*, court à la porte : « Oh ! crie-t-il, tout pareil, papa, tout pareil. — Alors, dit Barbedette, qui était frappé de l'assurance de l'enfant, va chercher ta mère, mais n'en parle pas à la servante. »

Joseph mit à profit cet instant, et quittant son maillet il va voir ce qui l'avait si fort ravi. La belle *Dame* était toujours là, pleine de beauté, bienveillante et souriante. « Oh ! que c'est beau ! que c'est beau ! » Et dans sa joie il battait des mains et trépignait en sautant. Mais Barbedette père continuait à ne rien voir.

La maison d'habitation est presque contiguë à la grange, aussi peu de minutes après Eugène arriva avec sa mère. Celle-ci, en entendant les exclamations de Joseph, le frappa légèrement sur le bras, en lui disant : « Veux-tu te taire, Joseph ! Qu'est-ce que cela signifie ! « Voilà déjà les voisins qui nous regardent. »

Alors Eugène engagea sa mère à se tourner du côté de la maison de Guidecoq, et à examiner entre les deux cheminées. « Ne voyez vous rien, mère ? » Celle-ci regarde et dit : « Il n'y a rien, je ne vois que le toit et les cheminées, et la neige qui est dessus. » Mais les deux enfants, dont les yeux étincelaient de la joie de la vision, s'écriaient : « Comment, mère, vous ne voyez pas cette belle « *Dame* toute en bleue, avec des souliers bleus, une cou-

« ronne sur la tête et qui sourit ? Vous ne voyez pas « comment elle se tient dans l'air, sans s'asseoir sur « rien ? » Mais tout était inutile, Dieu n'avait appelé que des enfants à être les témoins bénis de la céleste apparition.

La foi du père grandissait, il sentait qu'il y avait là quelque chose ; mais il laissait à sa femme, qui avait toute sa confiance, le soin d'approfondir cette affaire. Assuré que les enfants étaient incapables de le tromper, il entrevoyait l'action de Dieu. La mère à son tour fut saisie par l'émotion : « Ça pourrait bien être, dit-elle, après un « instant, la sainte Vierge qui nous apparaît. Puisque « vous la voyez si bien, mes enfants, disons cinq *Pater* « et cinq *Ave*, pour lui rendre honneur, si c'est Elle. »

La grande préoccupation des parents était de ne pas attirer l'attention. Mais les cris de joie des enfants avaient amené sur le seuil de leur porte quelques voisins ; ceux-ci demandèrent ce qu'il y avait. « Ce n'est rien, » dit Barbedette, et la mère, déjà troublée, ajouta : « Ce sont les enfants qui tombent en balourdise ; ils disent qu'ils voient quelque chose et nous autres nous ne voyons rien. »

A ces mots la porte de la grange fut fermée, et se mettant à genoux, ils récitèrent tous ensemble cinq *Pater* et cinq *Ave*. La mère, en ce moment, pensait à son fils et se demandait avec anxiété s'il était encore vivant. Enfin elle dit : « Ouvrons, et regardez si vous voyez encore. « — Mère, dirent les enfants, c'est toujours la même « *Dame*, avec la même beauté, elle sourit. »

Cette femme pieuse et simple ne pensait pas que, dans

toutes les apparitions, le ciel fait un choix de témoins prédestinés. « Eh ! bien, dit-elle, je vais chercher mes « lunettes; il faut croire qu'alors je verrai. » Elle alla à l'habitation et elle revint avec la servante Louise. Mais ce fut en vain qu'elle mit ses lunettes; elle eut beau les placer, les nettoyer, elle ne distingua que les étoiles du ciel, et en particulier les trois étoiles, qui furent vues de tous, et au milieu desquelles apparaissait la très-sainte Vierge Marie.

Ni le père, ni la mère, ni la servante ne voyaient rien. Alors, Victoire dit : « Décidément il n'y a rien. Rentrons de suite à la grange. » La besogne achevée en peu de temps, on partit pour le souper. Il était six heures et quart. Mais dans le trajet, les enfants ne détournaient pas les yeux de la merveilleuse vision. « Oh ! si j'en avais la « permission, disait l'aîné des enfants, je ne bougerais « pas d'ici. » Ils s'en allaient lentement, se retournant, et répétant avec admiration : « Que c'est beau, mon Dieu ! « que c'est beau ! »

Telle est la scène de ce prologue. Un auteur distingué en a tracé un beau tableau, dans un ouvrage qui a pour titre : *Notre-Dame du Pont-main*. Nous avions appris ces détails, mais le savant écrivain a su les mettre en relief, et nous avons pu lui emprunter au besoin des expressions. Nous sommes heureux ici de lui rendre cet hommage; il en sera de même pour la suite du prologue. Après cela nous aurons recours au récit du pieux abbé Richard : l'*Événement du Pont-main*, parce que cet opuscule a été revêtu de l'approbation ecclésiastique.

CHAPITRE XVII

La merveilleuse apparition continuait; choix des quatre témoins prédestinés à la faire connaître. — Les enfants Barbedette disent que la belle Dame est grande comme sœur Vitaline; la mère a la pensée d'aller chercher les sœurs. — Sœur Vitaline ne voit rien; comment elle amena à la grange les pensionnaires qui virent la vision. — La sœur Marie-Édouard a l'inspiration d'aller avertir le vénéré Michel Guérin. — Raisons pour lesquelles il était bon que le pieux pasteur ne vît rien. — Nouveaux symboles; le cercle bleu et les quatre bougies; la croix rouge sur la poitrine de l'auguste Vierge Marie. — Sentiments des assistants; efforts de plusieurs pour voir la céleste vision. — Le vénéré Michel Guérin invite à prier, et l'apparition a de nouveaux développements.

La merveilleuse apparition continuait; la très-sainte Vierge était toujours là au sein de l'air, à une hauteur où la voix humaine pût lui faire parvenir ses supplications; elle était entourée de ses anges fidèles, car les étoiles qui couvrent son vêtement ne sont autre chose que des anges, visibles ici sous ce symbole. Mais il fallait compléter le nombre des heureux témoins qui avaient été élus pour faire connaître ce nouveau témoignage d'amour de notre céleste Mère.

A la Salette, il y a eu deux témoins de la céleste apparition; mais nulle autre personne n'a été présente au moment de la vision. A Lourdes, la très-sainte Vierge ne fit choix que d'un seul témoin, mais l'apparition se renouvela plusieurs fois, et en présence d'un grand nombre de personnes. Il est vrai qu'elles ne voyaient rien, mais elles constataient la véracité du témoignage et la réalité de l'extase n'était pas pour elles un secret. Si le clergé restait sur une sage réserve, il n'était point indifférent. Le digne curé de Lourdes montra dans la suite ce qu'était un pasteur, lorsque la police, oubliant que la question n'était pas de sa compétence, voulut enlever Bernadette, et l'enfermer comme une folle dans une maison d'aliénés.

Au Pont-main, le ciel a disposé qu'il y aurait quatre témoins de la céleste apparition ; le pasteur a été là présent, saisi d'émotion et versant de douces larmes, et une foule de personnes attesteront, sinon la réalité de la vision, du moins la vérité de tout ce qui a eu lieu, afin que la foi soit rendue plus facile à tous.

Il est facile de nous rendre compte de la raison de cette condescendance maternelle de la céleste Reine des anges. L'apparition de la Salette ne fut approuvée par l'autorité épiscopale qu'après plusieurs années; l'examen de celle de Lourdes exigea aussi un temps assez long. Mais il entrait dans les vues de Dieu que l'apparition de la très-sainte Vierge au Pont-main ne subît point ces longs délais; dès lors, il fallait multiplier les témoins, admettre la présence du pasteur et des religieuses et de plusieurs autres personnes, afin que S. G. Mgr l'évêque n'eût pas d'énormes difficultés à vaincre dans son enquête canonique, et qu'il pût rendre son jugement doctrinal, dans le plus court espace de temps possible, en des matières aussi délicates.

Or, nous allons voir comment le ciel sait enchaîner les choses entre elles. Quand on y réfléchit, tout est merveilleux; et lorsqu'on voit comment les faits ont amené les faits, tout semble naturel, logique et nécessaire. C'est que la sagesse de Dieu a tout prévu de loin, et qu'il dispose chaque chose avec une douce suavité. Nous revenons au récit de l'apparition ; le vénéré Michel Guérin ne tardera pas à entrer dans la scène, et nous verrons que le prodige ne commença, à proprement parler, qu'après qu'il eut dit : « Priez, mes enfants ! »

Eugène et Joseph Barbedette étaient retenus par le lien sacré de l'obéissance dans la maison, mais ils avaient un grand désir d'aller voir celle qu'ils appelaient la grande *Dame*. Dans leur état d'agitation, au lieu de s'asseoir à table, ils mangeaient debout, afin de sortir plus tôt : « Dépêchons-nous, Joseph, disait Eugène, pour voir si « ça y est encore. » Avec le consentement de leurs parents, ils sortirent. « La mère leur dit : « Dites cinq *Pater* et « cinq *Ave*, si vous voyez toujours *la Dame*, mais sans « vous mettre à genoux, parce qu'il fait trop froid. »

Peu d'instants après les enfants revinrent, en disant : « Ça continue! ça continue! On voit toujours la même « chose. » Interrogés encore, ils répétèrent les mêmes détails : « Si vous saviez comme c'est beau à voir! La « Dame est grande au moins comme sœur Vitaline de « l'école, et avec une si belle robe, une couronne si écla« tante ; elle sourit. »

Le mot de sœur Vitaline donna à la mère Barbedette l'occasion de penser aux Sœurs. « Eh bien, dit-elle, puis-

« que vous parlez de la sœur Vitaline, il faut l'aller « quérir. Les Sœurs valent mieux que vous ; si vous voyez, « elles verront bien aussi. J'y vais avec toi, Eugène. »

L'établissement des religieuses, qui à cette époque n'avait qu'un étage, est à une très-petite distance de l'habitation de Barbedette. Sœur Vitaline récitait son office, lorsqu'elle entendit une voix qui disait : « Ma sœur, venez « chez nous, s'il vous plaît. Les enfants disent qu'ils « voient quelque chose en l'air, et nous ne voyons abso« lument rien, quoique nous regardions de notre mieux. « Vous allez peut-être nous dire ce que c'est. »

La sœur se leva aussitôt et les accompagna à la grange. La vision était toujours la même pour Eugène ; il indiquait le lieu, faisait la description de la *Dame*, indiquait son attitude, la couleur de sa robe, et parlait de son sourire. « Je ne vois rien, dit la sœur. J'ai beau regarder, « il n'y a que la nuit, les étoiles et voilà tout. » Mais le petit Eugène reprenait : « Comment, vous ne voyez pas ? « considérez ces trois étoiles qui forment un triangle, eh « bien, la tête de la *Dame* est juste au milieu. » La sœur Vitaline voyait les trois étoiles et rien de plus ; elle prit le parti de se retirer. La mère Barbedette l'accompagna, et lui dit : « Ma Sœur, je vous en prie, pas un mot de « cette affaire : les petits tombent en balourdise. »

Sœur Vitaline rentra chez elle par la cuisine ; en entrant, sans aucune réflexion et comme poussée par une idée dont elle ne se rendait pas compte, elle dit aux trois petites pensionnaires qui se chauffaient : « Petites, venez « par ici : Victoire a quelque chose à vous montrer. »

Il était nuit et il faisait un froid très-vif, aussi aucune d'elles n'avait envie de sortir. Françoise Richer surtout faisait difficulté de marcher, parce qu'elle avait peur. Mais l'obéissance l'emporta et elles suivirent Victoire.

A quelques pas de l'école, Françoise Richer s'écria : « Je vois quelque chose sur la maison de Guidecoq, mais « je ne sais pas ce que c'est. » Arrivés à la porte de la grange, Eugène, Marie Lebossé et Françoise Richer dirent : « Oh ! la belle Dame, la belle Dame ! la belle robe bleue, les belles étoiles d'or. » Quant aux autres, c'est inutilement qu'ils écarquillaient leurs yeux.

La sœur Vitaline et la sœur Marie-Édouard vinrent avec Joseph ; celui-ci à son tour continuait de voir comme les trois autres.

« Mais, dit la sœur Marie-Édouard, que voyez-vous ? Une belle grande Dame, ma sœur, une belle grande Dame, toute couverte d'étoiles d'or sur sa robe bleue, avec une couronne sur sa tête. Que c'est beau ! que c'est beau ! » — Alors la sœur dit : « Si c'est une apparition de la sainte « Vierge et qu'elle ne se laisse voir qu'aux innocents, il « faut lui en amener d'autres. » Aussitôt elle courut chez un voisin, M. Friteau.

Sans perdre un instant elle alla aussi au presbytère, et elle dit au vénéré curé : « Une apparition, monsieur le « curé. La sainte Vierge, cela est sûr ! Les enfants la « voient là-bas. »

A ces mots : la sainte Vierge, une apparition, le pieux Michel Guérin fut saisi d'une profonde émotion ; ma sœur, que me dites-vous là ? et il restait immobile. Il en est toujours ainsi ; le contact du surnaturel nous plonge tous dans la stupéfaction. La sainte Écriture nous apprend qu'il ne saurait en être autrement.

Mais la vieille domestique, Jeanne, ne perdait point son temps à réfléchir ; elle avait déjà allumé la lanterne et elle dit à son maître : « Il faut voir ça, monsieur le curé, « dépêchons-nous. »

Un assez grand nombre de personnes étaient déjà rassemblées à la grange, elles récitaient des prières connues sous le nom de chapelet des martyrs japonais. C'est une série de vingt-huit grains rouges ; sur la croix on récite *les actes de foi, d'espérance et de charité*. Puis sur les grains les invocations 1° *Doux cœur de Marie, soyez mon salut*. 2° *Mon Jésus, miséricorde*. Sur les gros grains, à ces invocations on ajoute : *Père éternel, je vous offre le sang très-précieux de Jésus-Christ, en expiation de mes péchés et pour les besoins de la sainte Église*. Cette prière d'expiation convenait bien à ce moment solennel.

La sœur Marie-Édouard était retournée en hâte. Voyez-vous encore? dit-elle. Oh ! là oui, c'est tout pareil. Le petit Eugène Friteau fut porté par sa grand'mère sur les lieux, et il vit aussi la belle *Dame*. Cet enfant était chétif et malade ; le froid le faisait trop souffrir, c'est pourquoi on le reporta chez lui au bout de dix minutes. Il mourut le 5 mai 1871, aussi il n'est nullement question de lui dans l'enquête canonique de l'apparition.

Il y a eu aussi un autre témoin, s'il est permis de nommer ainsi une enfant de deux ans et un mois. Sa mère portait la petite Boivin et celle-ci, en tournant les yeux, criait : *le Jésus, le Jésus;* il est dès lors permis de supposer qu'elle voyait ce que les autres plus grands décrivaient distinctement.

Le vénéré curé du Pont-main était présent au milieu de l'assistance; ainsi que les autres il ne voyait rien. Il n'y a point lieu de le plaindre. « Si Dieu lui avait fait « cette grâce, disait-il, il ne manquerait pas de bonnes « langues pour répéter que j'avais fait la leçon aux en- « fants et qu'il y avait entente entre nous. » Le ciel voulait qu'il fût là, mais pour être un garant de la véracité des témoins, et non pour nous offrir son témoignage.

Parmi la foule des personnes réunies là, il était permis à chacun de voir les impressions des enfants. Mais la Dame était toujours dans la même posture; l'heure est enfin venue où le miracle va prendre un caractère plus grandiose et avoir une signification plus merveilleuse.

Tout à coup les témoins de la vision s'écrient : Voilà quelque chose qui se fait. Aussitôt, saisi d'une nouvelle émotion, le vénéré Michel Guérin dit : Qu'est-ce donc? y a-t-il du changement? « Oh! oui, monsieur le curé; il y « a un grand cercle; il est bleu comme la robe, sa forme « ovale large comme la main, et il entoure la Dame, « comme dans un cadre très-beau. Oh! que c'est donc « beau! »

« Mais il y a encore autre chose, sur le cadre il y a « quatre bougies à l'intérieur; elles sont placées deux à « la hauteur de ses épaules, à droite et à gauche, et deux

« à la hauteur des genoux de la *Dame*, comme celles qui « sont dans l'église, autour du cercle qui encadre la « statue de la très-sainte Vierge. »

Cette circonstance impressionna vivement les assistants; ils se rappelaient que le vénéré pasteur avait si souvent fait allumer les bougies pendant les prières faites dans l'église, et ils se sentaient touchés de ce que l'auguste Vierge Marie semblait avoir exaucé leurs vœux, entendu leurs prières, en retrouvant ces mêmes bougies dans le cadre bleu de la céleste apparition.

Mais il convient aussi de se demander si dans ce symbole, ainsi que dans tous les autres, il n'y a pas un mystère d'une signification plus élevée et plus profonde, que celui de témoigner que cet acte a été agréable à l'auguste Vierge Marie. A nos yeux, ce n'est pas sans une inspiration secrète du ciel que le pieux Michel Guérin a eu la pensée de disposer ainsi les bougies. Dès lors il faisait lui-même un symbole dont le sens divin lui échappait. C'est ainsi que la sainte Église est inspirée d'en haut dans sa liturgie sacrée, mais il n'en est pas moins permis de rechercher la signification mystérieuse qui est cachée sous ce symbole. Agir autrement, c'est ne pas comprendre que le ciel a des pensées élevées au-dessus de celles de la terre. Mais ce n'est pas là le seul symbole ineffable dont il convient de pénétrer le sens divin, il y en aura bien d'autres dans cette solennelle apparition.

En ce même temps les enfants ravis distinguèrent sur la robe de la très-sainte Vierge, à l'endroit du cœur, et virent se dessiner une petite croix rouge de la longueur du doigt. Il y a là aussi matière à méditation dans ce symbole.

A l'égard des assistants dont le nombre s'élevait à cinquante environ, ils étaient divisés de sentiments. Quelques-uns auraient volontiers parlé de choses sans valeur ; ils pensaient que ces enfants avaient la berlue. Mais d'autres gardaient le silence et méditaient dans leur cœur, ne sachant pas encore s'ils étaient réellement en présence d'un prodige.

Quant au vénéré Michel Guérin, il ne doutait pas, mais son cœur était ému et il pleurait. Ces larmes silencieuses de l'homme de Dieu étaient pour le plus grand nombre une démonstration éloquente et décisive en faveur de l'apparition.

Mais parmi cette foule il y en avait qui auraient aussi voulu voir. Pourquoi ne verrais-je pas comme toi? dit l'un d'eux au petit Eugène. Il ne savait pas que la vision des choses surnaturelles est un don de Dieu gratuit qu'il accorde selon son bon plaisir et la sagesse de ses conseils éternels. Oh! si j'avais une lunette d'approche ou seulement un mouchoir de soie. La mère Barbedette, que l'expérience avait déjà éclairée, lui dit: Un mouchoir de soie, en voici un, essayez de voir.

C'est alors que celui-ci prenant le mouchoir se mit à regarder en travers; il le leva, le retourna, l'abaissa, toute sa peine était bien inutile. Si nous rapportons ici tous ces détails, c'est uniquement pour constater la bonne foi des assistants et leur simplicité. Il est évident que si le phénomène vu seulement par des élus du ciel avait eu quelque chose de naturel, il aurait été visible aux yeux de tous. Par ce qui précède, Dieu ne voulait laisser aucun doute possible que tout était surnaturel et divin dans la céleste apparition.

Après quelques instants les regards de la Dame qui étaient si bienveillants exprimèrent une grande tristesse. Les enfants n'hésitèrent pas à penser que la cause de ce changement avait pour cause les propos irréfléchis, la tenue sans recueillement, et quelquefois les rires de plusieurs des assistants. Ils ne se trompaient pas, quoiqu'il y eût là aussi un signe d'une signification qui s'appliquait à ceux qui ne voudraient point croire dans la suite. Le visage de la très-sainte-Vierge reprit sa bonté, sa douceur et sa sérénité, lorsque le silence se fit et que les esprits furent plus attentifs pour écouter les grandes leçons que l'auguste Vierge Marie allait faire entendre, non-seulement aux habitants du Pont-main, mais au monde entier.

A ce moment le vénéré Michel Guérin donna un avis d'une grande sagesse à ses paroissiens. « Si les en« fants voient seuls, dit-il, c'est, mes amis, qu'ils en sont, « par leur innocence, plus dignes que nous. » Admirable enseignement que nous devons graver dans nos cœurs, afin de travailler, selon la parole du divin Maître, à devenir semblables à de petits enfants, pour entrer dans le royaume des cieux. Or, le royaume des cieux, c'est la foi ici-bas, et dans le ciel, c'est la gloire éternelle ; par la foi nous entrons dans la vie divine, et celle-ci est récompensée après la mort par la vie éternelle.

Une des pieuses sœurs désirait dans l'ardeur de sa foi que le vénéré pasteur interrogeât la sainte Vierge, comme Philippe disait à Notre-Seigneur : « Montrez-nous le Père et cela suffit, » *ostende nobis Patrem et sufficit nobis.* Mais le pieux Michel Guérin répondit avec sagesse : « Je ne la « vois pas ! Eh ! que pourrais-je lui dire, à cette divine « Mère ? Ce que nous avons à faire, c'est de nous humi- « lier et de prier. »

Le pieux Michel Guérin venait de donner le secret qui ouvre les trésors de la divine miséricorde. Aussi nous allons voir comment, sous l'action de la prière, l'apparition va se développer dans des scènes d'une grandeur inouïe.

Tout ce qui a eu lieu jusqu'ici n'est que le commencement, ou le prologue, de ce grand drame divin, qui va se dérouler dans les splendeurs d'une magnificence incomparable. Mais ce qui va suivre aura nécessairement un intérêt plus grand. Il y a dans cette vision divine, pour ainsi dire deux parties, qui s'expliquent l'une par l'autre ; la dernière est le complément de la première.

Mais n'oublions pas que tout ce qui est divin a nécessairement un caractère prophétique. Les choses éternelles ne sauraient être limitées au temps présent. Le ciel nous parle non-seulement en paroles, selon notre usage, mais aussi par des symboles, et la langue prophétique et mystérieuse des symboles a la vertu de renfermer des sens profonds qu'il est prudent et sage d'étudier, aux clartés rayonnantes de la science sacrée et de la lumière de Dieu.

CHAPITRE XVIII

De l'efficacité toute-puissante de la prière sur le cœur de Dieu. — La très-sainte Vierge prit des proportions surhumaines dans l'apparition. — Les étoiles ou les anges se multiplièrent; les étoiles du temps. — Une main invisible écrit en lettres d'or au chant du Magnificat. — Explication des mots : Mais priez, mes enfants. — Le pieux Michel Guérin propose de chanter les Litanies ; de nouveaux mots sont écrits. — Dieu vous exaucera en peu de temps, doit s'entendre des malheurs d'alors et des malheurs futurs. — Au chant de l'Inviolata et du Salve Régina il y a d'autres paroles. — Le vénéré Michel Guérin fait chanter le cantique : Mère de l'Espérance.

La terre sera à jamais impuissante à comprendre l'efficacité de la prière sur le cœur de Dieu. Une pieuse religieuse nous l'a dit, par une lumière de Dieu : « La « puissance de Dieu est infinie, c'est la prière qui l'a fait « descendre du ciel. » Pendant toute sa vie le pieux Michel Guérin a été un homme de prière, et il a su communiquer ce goût à ses paroissiens, nous allons voir les heureux fruits de cette sainte habitude. Or, n'oublions pas que là où deux ou trois sont rassemblés pour prier, Dieu est au milieu d'eux, et en ces circonstances solennelles, c'est pour ainsi dire la paroisse qui est réunie et qui prie au nom de Dieu, par Marie.

Les désirs du vénéré pasteur disant de prier furent comme un ordre. Tout le monde prit une attitude de respect et la sœur Vitaline commença la récitation du chapelet. C'était, ainsi que nous l'avons dit, une pratique habituelle au sein de cette population, et la source de toute bénédiction.

Or, voilà que pendant que les habitants répétaient la série des *Ave Maria* du chapelet, tout à coup la dame monta et grandit de moitié. Le cercle bleu qui lui servait de cadre s'élargit dans les mêmes proportions. La prière avait obtenu ce premier effet, d'une signification profonde, elle en obtiendra de plus grands encore, jusqu'à la fin de la solennelle apparition.

La robe était couverte d'étoiles depuis le commencement, mais en ce moment elles se multiplièrent, et elles formèrent comme une armée, comme pour lui faire cortége. Au moment où la Dame s'agrandissait en des proportions surhumaines, — elle était alors d'une hauteur double de la sœur Vitaline, — les étoiles se rangeaient devant elle, ainsi que la foule au marché, disent les témoins, lorsqu'une voiture s'y ouvre un passage.

De plus, après quelques instants de prière, voilà qu'une quarantaine des étoiles à cinq pointes, — comme celles de la voûte de l'église — après s'être rangées vivement sur le passage de la *Dame*, vinrent, deux à deux, se placer sous ses pieds, comme pour lui servir de trône, et se mettre à ses ordres souverains. Et dans le même temps celles qui étaient sur sa robe se multiplièrent en quantité innombrable. « C'est comme une fourmilière, crient « les heureux voyants, en témoignant leur joie naïve. En « voilà-t-il ! en voilà-t-il ! crient-ils, *ça se tape* sur sa

9.

« robe comme des grains de sable. Elle est bientôt toute « dorée. »

Le pieux abbé Richard, dans sa relation, qui a été revêtue de l'*imprimatur* de S. G. Monseigneur, rapporte que les enfants distinguèrent ce qu'ils appellent les étoiles du temps. Certes d'où les heureux témoins de l'apparition auraient-ils appris une expression de ce genre, si le ciel ne l'avait mise sur leurs lèvres?

Mais à la vue de ces étoiles qui se meuvent, qui se rangent, qui se multiplient, comment serait-il possible qu'il ne s'agisse pas ici des anges, qui sont l'armée des cieux, et qui sont appelés étoiles, parce qu'ils meuvent ces astres dans l'espace?

Nous l'avouons naïvement, nul ne nous persuadera que ces étoiles ne sont pas des anges. Si l'auguste Vierge Marie apparaît au Pont-main, comme Notre-Dame de l'Espérance, c'est-à-dire, celle qui vient préparer par son règne la venue du règne de son Fils, *adveniat regnum Mariæ ut adveniat regnum Dei*, selon la prophétie du Vénérable serviteur de Dieu Grignon de Montfort, il faut qu'elle y manifeste sa présence en tant que Reine des anges et des saints.

C'est la signification de ce symbole des étoiles qui couvraient la robe de la céleste Mère de Dieu, et les *étoiles du temps* ne sont autre chose que les saints, dont Marie est la Reine, et ceux-ci se mettent à ses ordres pour obtenir le salut du monde.

A la vue de ce spectacle dont les témoins font la description fidèle, l'émotion pénétrait les cœurs. L'action de la grâce gagnait de plus en plus les âmes. C'est que Dieu n'agit pas seulement à l'extérieur, il agit aussi dans le sanctuaire de l'âme. Nul ne doutait plus, il y avait là un grand prodige !

Alors l'une des sœurs, pour rendre hommage à l'auguste Vierge Marie, entonna le *Magnificat*, en témoignage de reconnaissance et d'amour. Tous les assistants chantèrent donc avec un cœur et une âme le glorieux cantique. Mais à peine le premier verset était achevé, que les enfants interrompirent, en criant tous les quatre à la fois : « Oh ! voilà encore quelque chose... Un bâton qui se « forme sous la *Dame*. »

Or, ce qui apparaissait n'était autre chose qu'une bande blanche, d'une largeur d'environ quatre pieds, et d'une longueur de trente-six, car elle s'étendait d'une cheminée à l'autre, c'est-à-dire dans toute l'étendue de la maison Guidecoq. Sur ce fond d'une blancheur éblouissante, une main, invisible même pour les témoins du prodige, écrivait en caractères d'or. D'après le témoignage des enfants, ces lettres étaient semblables aux majuscules qui sont dans les livres. Le premier trait, appelé un bâton par les témoins, n'était que le premier jambage de la lettre *M*. Il y eut ensuite un *A*, puis un *I* et un *S*, c'est-à-dire *MAIS*. Tous les cœurs étaient saisis d'émotion. Il y eut un arrêt d'environ dix minutes, et l'on reprit le chant du *Magnificat*.

A ce moment, un habitant du bourg, arrivant de Laval, avait apporté la nouvelle que les Prussiens étaient dans cette ville. Le fait était faux, mais cette désastreuse annonce eût fait trembler en un autre instant, elle ne fit point impression sur des cœurs émus par l'apparition céleste. « Eh bien, répondit une femme pleine de foi, quand « les Prussiens seraient à la porte du village, nous n'au« rions pas peur maintenant; la sainte Vierge est avec « nous. » Il est évident que la foi agissait dans les âmes; le nouveau venu se mêla aussitôt à la prière.

A la fin du *Magnificat*, il y avait écrit sur le rouleau ces paroles : *Mais priez, mes enfants*. Chacun des quatre voyants épela vingt fois ces mots; il n'y eut jamais entre eux une variante, ni un désaccord. En même temps *la Dame* avec son sourire angélique ravissait d'admiration les élus admis à voir la merveilleuse vision.

Il y a toujours dans une assemblée de fidèles des Thomas qui sont lents et difficiles à croire ; la femme d'Augustin Guidecoq était de ceux-là. Elle se disait à elle-même : Ces enfants ont la berlue, parce qu'elle ne voyait rien. Dans cette pensée, elle voulut rentrer à la maison. Mais, après avoir fait quelques pas, ses jambes fléchirent sous elle et elle tomba dans la neige, comme si elle avait été frappée à l'intérieur. Elle reconnut là un châtiment de son incrédulité, et après avoir prié elle se releva et alla auprès des enfants. Elle avoua que cela venait bien d'En-Haut.

Le mot : mais, est une conjonction qui unit des pensées qui précèdent à d'autres qui suivent. Quelle est donc la pensée de l'auguste Vierge Marie ? Ainsi que l'a dit le R. P. Vandel, la très-sainte Vierge est venue nous instruire : « Vous souffrez, vous m'invoquez; or, je viens

« vous secourir, car je puis vous délivrer. » Mais il y a une condition, et c'est celle que le ciel nous faisait si souvent entendre, par mille voix prophétiques, il faut des prières générales, solennelles et sociales, des prières prescrites par la suprême autorité, ordonnées par les évêques et faites dans les églises par les fidèles avec le clergé en tête. C'est là la condition absolue de salut. Cette parole : *mais*, s'explique dès lors très-bien.

La très-sainte Vierge au Pont-main nous apparaît comme Notre-Dame de l'Espérance; à ce titre, Elle ne vient pas seulement nous dire : *Mais priez, mes enfants*, Elle fait mieux, Elle dispose nos cœurs et prépare nos âmes à nous mettre en prière. Aussi l'apparition du Pont-main n'a pas été stérile, il y a eu une immense effusion de grâces et la France a compris la condition de son salut. « Oh ! France, disait le divin Jésus, à Marie Lataste, « que tu es ingénieuse à apaiser la colère divine. »

En effet, dans l'année 1872, qui a suivi celle de l'apparition, la France a offert au monde un spectacle bien admirable. Des flots de pèlerins sont allés, non point prier pour eux, mais en pèlerinage national, au sanctuaire de Notre-Dame de la Salette, en s'arrêtant à Ars. Des centaines et des centaines de milliers de pèlerins, accourus de tous les pays, de toutes les provinces, sont allés aux pieds de Notre-Dame de Lourdes. Et pour couronner ce mouvement, l'Assemblée nationale a demandé des prières, et tous nos évêques, faisant écho à cet acte du pouvoir souverain, ont prescrit des prières solennelles, et les fidèles y ont ajouté des neuvaines, des jeûnes et des communions. Enfin, Paris lui-même a eu son pèlerinage national à Sainte-Geneviève, et des pèlerins sans nombre ont prié pour l'Église et pour la France.

Mais la France a le privilége d'être l'initiatrice du bien comme du mal. A peine Paris s'est agenouillé au pied des autels, et voilà que l'Europe veut marcher sur ses traces. Au moment où nous écrivons ces lignes, l'Italie, l'Allemagne, la Suisse se mettent en prières. Oh! glorieuse Reine du monde, Notre-Dame d'Espérance du Pont-main, vous avez vaincu, la terre a écouté vos avis : *Mais priez, mes enfants*, et la voilà en prière.

La très-sainte Vierge, dans cette merveilleuse apparition, va non-seulement nous apprendre les conditions du salut, et répandre cette grâce efficace dont nous avons vu les effets, elle achèvera sa mission de miséricorde.

Pour ne point fatiguer les enfants, on avait apporté des chaises, mais ils se levaient sans cesse ; Joseph Barbedette surtout ne pouvait contenir sa joie.

Alors le pieux Michel Guérin proposa de chanter les Litanies. Il n'avait point de doute que la très-sainte Vierge était là présente, et il désirait obtenir un éclaircissement qui rassurât les bons. Ici encore c'est bien le ciel qui inspire ce prêtre si digne et si plein de zèle. L'auguste Vierge Marie va entendre ses désirs et exaucer les prières des fidèles réunis autour de leur pasteur.

Le *Kyrie eleison* est entonné, mais à *Sancta Maria*, les enfants interrompirent en disant : « Ça change encore, « monsieur le curé. Voici de nouvelles lettres : un D, « puis un I, un E, et U, DIEU. » Mais la main qui écrivait restait invisible, preuve manifeste qu'il y a un sens plus profond qui reste voilé sous les symboles mystérieux; du reste, cela a lieu dans tout ce qui est divin.

Tous les quatre voyants épelaient les lettres, et tous à la fois. Les litanies sont continuées, et à mesure qu'on avançait vers la fin les lettres s'ajoutaient aux lettres. Les mots sont bien distingués entre eux et le tout est écrit sur une même ligne. A l'*Agnus Dei* la phrase était complète. Un gros point terminait la ligne, il était comparé à un soleil par les enfants.

Dieu vous exaucera en peu de temps ●

Une telle parole de consolation, donnée dans cette solennelle apparition, au milieu des malheurs dont la patrie était accablée, devait produire une immense émotion parmi les assistants; aucun d'eux n'a perdu et ne perdra jamais le souvenir de la joie dont son cœur fut inondé. L'attendrissement était profond, et il y eut plus d'un sanglot; la plupart versèrent de douces larmes.

L'auguste Vierge Marie venait annoncer que cette horrible guerre allait prendre fin, que le sol français allait être délivré de l'ennemi, que tant de jeunes gens ne seraient plus exposés à perdre la vie sur les champs de bataille. Quelle nouvelle pour les mères, les pères, les frères et les sœurs! La céleste *Dame* se mit à sourire. « Voilà qu'elle sourit, » crient les voyants. Oh! la miséricorde divine veut nous sauver par Marie!

Mais apprenons à ne pas rapetisser les pensées du ciel dans le cercle étroit des vues et des pensées des enfants des hommes. L'auguste Reine du monde n'a pas seulement en vue la guerre avec la Prusse qui va prendre fin lorsqu'elle dit : Dieu vous exaucera en peu de temps! Elle pense surtout à cette division intestine, qui nous dévore comme un cancer, à ces événements terribles dont nous sommes menacés, à ces guerres qu'il faut conjurer. C'est de l'avenir qu'il s'agit en même temps que du présent. Et qui oserait en douter? Aussi les effets de la solennelle apparition de la très-sainte Vierge au Pontmain n'en sont qu'à leur prélude; nous verrons d'autres triomphes encore, que nous accordera Notre Mère de l'Espérance.

Il y a une hymne en l'honneur de la très-sainte Vierge que la sainte Église a admise parmi les prières de la liturgie sacrée; cette hymne est de saint Bonaventure, dont la dévotion à Marie est connue de tous : l'*Inviolata*. Elle fut chantée en ce moment, et pendant qu'on chantait cette hymne de louange, d'autres lettres commencèrent à se former. Dans sa naïve simplicité Jeanne-Marie Lebossé, se tournant vers les sœurs, dit : « Un M ! la bonne Vierge « va bien sûr écrire encore : *Mais priez, mes enfants*; elle « croit peut-être qu'on n'a pas pu la lire. » Ce seul trait suffirait pour écarter tout soupçon d'imposture.

Au moment où l'assistance chantait : *O Mater alma Christi charissima*, les voyants lisent : *Mon Fils*. Alors l'émotion de la foule atteignit son apogée. L'auguste Dame indiquait Elle-même qui Elle était, la Mère de Dieu, et Elle faisait intervenir Jésus!

Le *Salve Regina* fut entonné, ce chant si beau que

l'exilé de la terre redit avec tant d'amour. De nouvelles lettres furent formées, et les enfants lirent : *Se laisse.* A ce mot une des sœurs objecta aux enfants : Vous devez mal lire, sans doute il n'y a pas un I. Mais ceux-ci répondirent vivement : Non certes, il y a bien un I ; *laisse.* Attendez, ce n'est pas fini, voici d'autres lettres : *Mon Fils se laisse toucher.* Et un grand trait, doré comme les lettres, se forma lentement au-dessous de cette seconde ligne :

Mon Fils se laisse toucher.

Rien au monde ne pourra jamais reproduire les émotions des cœurs. En présence de ces paroles d'espérance, il se fit un grand silence. Les enfants seuls répétaient à chaque instant l'inscription complète.

Ainsi c'est au chant de l'*Inviolata* et du *Salve Regina* qu'ont été écrits ces mots : *Mon Fils se laisse toucher.* Ce n'est donc pas en vain que la terre a crié vers le ciel : « Nous vous saluons, ô Reine, ô vous la Mère de toute « indulgence, notre vie, notre douceur, notre espé- « rance ! »

Que faire à cet instant de si grande consolation ! C'est encore le vénéré Michel Guérin qui va recevoir l'inspiration du ciel ; il dit : « C'est le moment de chanter un cantique à la très-sainte Vierge. » Et celui qu'on doit chanter, c'est celui qu'on a coutume de dire à l'église, dans les exercices en l'honneur de l'auguste Vierge Marie. Ici encore il y a eu dans le choix de ce cantique quelque chose de prophétique, car il désignait le titre de celle qui apparaissait au Pont-main, *Notre-Dame de l'Espérance du Pont-main*. S. G. Monseigneur de Laval a consacré cette dénomination dans son mandement doctrinal. La sœur Marie Édouard commença, et avec elle tous les assistants, et ainsi jusqu'à la fin.

Mère de l'Espérance
Dont le nom est si doux,
Protégez notre France :
Priez, priez pour nous.

Or, pendant le chant de ce cantique l'auguste Vierge Marie ne dédaigna pas de s'unir elle-même à la prière de ses enfants. La céleste Mère éleva doucement jusqu'à la hauteur de ses épaules les mains qu'Elle avait jusqu'alors tenues abaissées et étendues, et elle agita les doigts lentement, en même temps elle regardait les enfants avec un doux sourire : « Oh ! voilà qu'elle rit, » s'écrièrent les heureux voyants. Et comme enivrés de joie, ils sautaient et battaient des mains, en disant : « Oh ! qu'elle est « belle, oh ! qu'elle est belle. Oh ! si j'avais des ailes « pour aller là ! »

Quant aux assistants, ils se réjouissaient, et ils versaient des larmes. Le cantique a huit strophes ; Notre-Dame d'*Espérance* avait été choisi par le vénéré Michel Guérin pour invoquer la médiation de Marie. Aussi ce titre a été conservé par l'autorité épiscopale au pèlerinage du Pont-main. Le vénéré pasteur avait donc été dirigé par le ciel dans ce choix.

L'inscription des paroles resta visible dans tout son

éclat pendant tout le chant du cantique, c'est-à-dire environ dix minutes. Ensuite il passa comme un nuage sur l'inscription, et les lettres disparurent, effacées les unes après les autres. Telle fut la première partie de la merveilleuse apparition.

CHAPITRE XIX

Des sens divers que renferment les paroles et les symboles de la sainte Écriture. — Pendant le chant du cantique : *Mon doux Jésus*, une étoile, c'est-à-dire un ange allume les quatre bougies. — De la signification de ces quatre bougies allumées. — Apparition de la croix rouge et du Christ que la très-sainte Vierge incline vers les enfants. — Ce qu'il faut espérer par ce signe mystérieux de l'apparition. — Le dernier symbole consiste en deux petites croix blanches plantées sur les épaules de la très-sainte Vierge. — Ce qu'il faut entendre par ce symbole. — Comment sur l'avis du pieux Michel Guérin de faire la prière du soir l'apparition prit fin. — Diffusion de ce miracle en tous lieux.

La sainte Écriture nous apprend, par des exemples sans nombre, que les pensées qu'elle nous a fait entendre sont exprimées de nouveau, afin de les présenter dans une nouvelle lumière. Le saint roi David a coutume d'agir ainsi dans les Psaumes divinement inspirés. En étudiant à fond la solennelle apparition de la très-sainte Vierge au Pont-main, il semble évident que la seconde partie n'est autre chose que le complément de la première, et qu'elle en révèle le sens mystérieux dans un langage symbolique d'une signification admirable.

Nous avons déjà dit que la vie du vénéré Michel Guérin offrait un caractère éclatant de Réparation. Toutes les épreuves qu'il a subies et les souffrances qu'il a endurées ne peuvent être expliquées qu'à ce titre. D'autre part, les religieuses qui ont eu dans l'apparition un rôle si caractérisé, sont des sœurs réparatrices, ainsi que le titre de leur Institut l'indique : *Adoratrices de la justice de Dieu.*

Aussi nous allons voir que la peine d'expiation si vivement recommandée, sur son lit de mort, par Mme Morin à la supérieure des religieuses, va ouvrir une nouvelle série de phénomènes, dont le symbolisme renferme le sens le plus profond. Les sœurs par une secrète inspiration du ciel pensèrent au cantique : *Mon doux Jésus;* elles l'entonnèrent et la foule chanta :

> Mon doux Jésus, enfin voici le temps
> De pardonner à nos cœurs pénitents.
> Nous n'offenserons jamais plus
> Un père qui nous aime;
> Nous n'offenserons jamais plus
> Votre bonté suprême,
> O doux Jésus!

C'est à ce moment solennel, d'après les témoignages des témoins, que les bougies du cercle bleu furent allumées de la manière la plus mystérieuse. Il y a à cet égard une erreur dans presque tous les récits; mais en réalité l'ange alluma les bougies avant que le Christ fût visible, c'est-à-dire au moment où l'assistance chantait le cantique d'expiation : *Mon doux Jésus.*

Or, tout à coup, une étoile qui se tenait sous les pieds de la très-sainte Vierge, se détacha du milieu de la masse, et dans un vol rapide elle monta vers la gauche où elle alluma la bougie qui était à la hauteur des genoux, puis celle qui était à la hauteur des épaules. Alors elle passa au-dessus de la tête, en suivant le cercle, et arrivant au côté droit elle alluma la bougie qui est à la hauteur des épaules, ensuite celle qui est à la hauteur des genoux.

De là, par un mouvement plein d'une signification mystérieuse, elle remonta, et elle alla se placer au-dessus de la couronne de l'auguste Vierge Marie, entre la grosse étoile visible aux yeux de tous et le cadre bleu de la merveilleuse apparition. Chacun sait qu'il y avait trois étoiles que tous les assistants distinguaient.

Et qui donc ne voudrait voir dans une étoile qui se meut avec tant d'intelligence, qui allume des bougies, et qui prend une place de choix, autre chose qu'un ange? or, si cette étoile est un ange, il doit être évidemment l'ange gardien de celle que la terre appelle la Reine du monde et la terreur des démons, qui se révèle dans son apparition solennelle du Pont-main sous le titre : Notre-Dame de l'Espérance, ce qui n'est autre chose que le titre de l'auguste Vierge Marie, Impératrice souveraine, Reine des anges et des élus de Dieu.

Nous avons vu que le vénéré Michel Guérin avait fait placer dans son église, dans un cercle autour de la statue de la divine Vierge Immaculée, quatre bougies qui étaient allumées à chaque exercice de piété. La très-sainte Vierge, en plaçant quatre bougies dans le cadre bleu qui l'entoure dans la céleste apparition, a fait allusion à cet acte de dévotion, ainsi que plusieurs écrivains le font observer. Mais il faut voir autre chose aussi dans ce symbole mystérieux. Nous avons déjà dit que le pieux curé du Pont-main recevait des lumières du ciel, et nous en avons ici une preuve manifeste. Or, ceci suppose manifestement que ces bougies ont une signification dont il est convenable de rechercher le sens caché.

C'est aussi à ce moment que le visage de l'auguste Vierge Marie exprima la tristesse. Le chant de repentir et de pénitence semblait doux à son cœur. Les assistants s'adressant à son divin Fils, la divine Mère va le montrer sur l'instrument de sa mort, la croix ensanglantée du Calvaire.

« Tout à coup, en effet, une croix rouge, haute de « deux pieds environ, avec un christ également rouge, « parut au-devant de la divine Mère, comme suspendu « en l'air. L'auguste Vierge Marie abaissa ses mains, « saisit le crucifix et l'inclina vers les enfants, à qui elle « semblait l'offrir. »

« Au-dessus du crucifix les heureux voyants purent « lire ces mots, en lettres rouges aussi, au sommet de la « croix : Jésus-Christ. L'inscription était sur un écriteau « blanc très-long, qui était placé au-dessus du croi- « sillon. »

La céleste Mère en présentant son divin Fils nous convie à le prier, à la condition que nous ne le crucifierons plus. « Priez-le, nous dit-elle, car c'est pour vous « qu'il est mort, c'est pour vous que son sang a coulé « sur la croix qui en est rougie. Mais j'unis mes prières « aux vôtres, car il est dans mes bras, et vous serez « bénis. »

Nous savons tous que l'enfer a arboré aussi sa bannière, et c'est le drapeau rouge qui rallie tous ceux qui font profession de suivre les doctrines de ruine, de deuil, de désolation et de mort. Par là, il est facile de comprendre l'état de lutte où nous sommes et à qui finalement appartiendra la victoire.

C'est par le sang que Jésus-Christ nous a rachetés du joug et de l'esclavage de Satan ; dès lors, jamais celui-ci ne parviendra à détruire l'empire fondé par le divin Sauveur. Par le sang versé sur la croix, ceux que les péchés ont rendus rouges comme l'écarlate ou le vermillon, selon les paroles du prophète Isaïe, deviendront blancs comme la neige. Il faut donc chercher Jésus par Marie, en Marie et avec Marie, et nous trouverons le port du salut, et par surcroît la surabondance de tous les autres biens.

La très-sainte Vierge était penchée sur l'image de son Fils et elle suppliait en même temps que les assistants, afin de nous assurer que nos supplications seront exaucées. En attendant, cette foule, présente là, chantait le « *Parce Domine*, pardonnez-nous, Seigneur, pardonnez à « votre peuple. »

Les heureux voyants attestent, en effet, que les regards de l'auguste Vierge Marie se portaient sur la croix, et ils distinguaient le mouvement de ses lèvres, indiquant qu'elle priait en union avec les assistants. Les enfants ont vu réellement l'auguste Vierge remuer les lèvres, car ils ont tout observé. Ainsi Jean-Marie Lebossé disait aux enfants : « On lui voit les dents quand elle rit ; et ses mains, « Ah ! elles sont petites et blanches comme la neige. »

Ce serait aussi le lieu d'expliquer pourquoi la très-sainte Vierge a pris dans ses mains ce crucifix rouge, avec le Christ rouge, et nous trouverions là le complément qui nous révèle toute la grandeur de l'apparition de l'auguste Vierge Marie au Pont-main. Si, ainsi que le pieux Michel Guérin nous le faisait entendre, en faisant chanter le cantique : *Mère de l'espérance,* elle est Notre-Dame de l'espérance, cela veut dire que son règne va advenir et par elle celui de son Fils. Or, à ce titre elle doit vaincre les démons et tous ses suppôts.

Il est impossible d'assister à des enseignements d'un ordre plus élevé et à des scènes d'un caractère plus grandiose. Ici tout ce que l'imagination la plus riche aurait pu concevoir se trouve dépassé, et le lecteur est ravi, ému, et touché au delà de toute expression. Il est facile dès lors de se rendre compte de l'émotion dont le pieux Michel Guérin était saisi, en présence de ces merveilles qui se déroulaient, sinon sous ses yeux de chair, du moins sous l'œil clairvoyant de sa foi illuminé par l'éclat des splendeurs célestes.

Mais nous voici au dernier symbole de cette merveilleuse apparition. C'est l'ordre éternel de toutes choses qu'un fait grandiose, qu'une scène admirable, doit aller grandissant jusqu'à la fin. Jusqu'ici nous avons constaté que tout a été conforme à cette loi, qui s'applique aussi bien à ce qui est du domaine spirituel, qu'à ce qui appartient aux choses de l'ordre temporel. Mais comment ajouter aux merveilles que nous venons de décrire?

Les assistants continuaient de prier, les âmes ne pensaient plus à la terre, elles étaient entraînées par un élan rapide dans la sphère des choses divines. Alors l'une des sœurs, Marie-Édouard, entonna l'hymne : *Ave Maris Stella*, ce chant d'amour que l'Église met si souvent dans la bouche de ses enfants. L'auguste Vierge Marie reprit sa pose de l'Immaculée Conception. Elle étendit ses mains, comme pour répandre sur la terre les effusions de la divine grâce. Le crucifix avait disparu ; mais tout n'était point fini.

Les heureux témoins virent apparaître un nouveau et dernier symbole plus mystérieux encore que tous ceux qui avaient précédé. « Sur chacune des épaules de la « très-sainte Vierge apparut une petite croix blanche, « sans Christ, haute de vingt centimètres. Ces croix, di- « sent les enfants, étaient *plantées sur les épaules de la très-* « *sainte Vierge.* »

Il appartient à ceux qui sont versés dans la science des symboles, d'expliquer le sens profond qui est renfermé sous ce signe qui est le dernier de cette solennelle apparition. A l'égard de ceux qui ne craindraient pas de méconnaître l'importance de ce symbole, il suffira de dire qu'ils violeraient ici toutes les règles qui président à cette science.

Il n'y a pas un seul chrétien qui ayant la foi dans cette admirable apparition puisse révoquer en doute la gravité des paroles de la première partie ; mais c'est une loi du langage divin d'ajouter une explication plus profonde, lorsqu'il y a une seconde partie qui développe la première. Et d'autre part qui ne sait que dans tout langage écrit en caractères symboliques, c'est une loi que la fin de l'écriture sacrée doit renfermer les sens les plus profonds, les plus étendus et les plus importants?

Or, s'il en est ainsi, il est pour ainsi dire impossible de ne pas trouver dans ce symbole des croix plantées sur les épaules de la très-sainte Vierge, la prophétie, l'annonce, et à dire vrai, l'assurance, que l'œuvre de la divine Réparation ne tardera plus à paraître, qu'elle sera le fruit suprême de la bénédiction céleste, et le résultat des prières solennelles, publiques, générales et sociales qui ont lieu, et finalement le présage du triomphe de l'Église et de la prospérité de notre chère patrie.

L'auguste Vierge Marie reprit son sourire divin, qui réjouit le ciel et la terre. Elle regardait avec bonheur ces heureux voyants, ravis de joie et dans l'enivrement d'un bonheur inexprimable. Il était huit heures et demie.

A ce moment le pieux Michel Guérin, dit : « Mes chers « amis, faisons ensemble la prière du soir, » et tous se mirent à genoux. C'est ici pour nous un devoir de faire une citation du beau récit de M. l'abbé Richard.

« Vers l'examen de conscience, les enfants qui ne quittaient pas des yeux la céleste vision, annoncèrent qu'un grand voile blanc, partant de dessus les pieds de la sainte Vierge et montant lentement, la couvrait jusqu'à la ceinture; s'élevant ensuite peu à peu, il l'enveloppa jusqu'au cou. Les enfants ne voyaient plus que la figure, d'une beauté toute céleste, de la Dame, qui leur souriait. »

« Bientôt elle voila son visage : la couronne resta seule visible avec l'étoile qui la surmontait, puis tout disparut avec le grand cercle bleu et les quatres bougies restées allumées jusqu'à la fin. »

Le vénéré pasteur, du fond de la grange où il était assis, appela les enfants : « Voyez-vous encore? » leur dit-il. Et tous ensemble répondirent : « Non, monsieur « le curé, tout a disparu, c'est tout fini. » Il était alors neuf heures moins le quart.

La foule se retira peu à peu et lentement. Les uns s'entretenaient entre eux de cette merveilleuse apparition; les autres méditaient dans leur cœur les sublimes enseignements qu'ils venaient d'entendre ; ils écoutaient la voix de Dieu qui leur parlait dans le sanctuaire le plus intime de l'âme.

A l'égard du pieux Michel Guérin nul ne saura jamais les sentiments dont il se trouva pénétré. Oh! quelle nuit délicieuse pour lui ; avec quels transports d'amour, de reconnaissance et d'humilité il monta le lendemain au saint autel. Son âme ne savait par quels moyens exprimer son action de grâce pour une faveur si insigne. Il était plus que dédommagé de ses peines, de ses épreuves, de ses contradictions, il avait déjà reçu sa récompense, que sera-ce donc dans le ciel ?

Il n'entrait dans l'esprit d'aucun des habitants du Pont-main de concevoir le moindre doute sur le témoignage des enfants qui avaient été les heureux témoins de la merveilleuse apparition de la très-sainte Vierge. « Nous « les connaissons, disaient-ils, et nous savons qu'ils sont « incapables de mensonge; à plus forte raison, ils n'ont « pas inventé un récit si merveilleux. »

Aussi, dans tout le pays du Bas-Maine, l'apparition se répandit sans trouver l'incrédulité chez aucun des habitants. Le vénéré curé du Pont-main était trop estimé pour que la valeur de son témoignage ne fût pas d'un poids décisif. On commença dès lors à accourir de tous les pays des environs, c'est ainsi que commença le pèlerinage qui ira de jour en jour en grandissant.

Tous les soirs l'église se remplissait, et le vénéré curé Michel Guérin aimait à faire redire les mêmes prières et chanter les mêmes cantiques; tous les assistants éprouvaient des sentiments admirables de ferveur. Tel est le récit fidèle de cette solennelle apparition, qui a retiré le vénéré curé de l'obscurité où il avait passé sa vie, pour lui faire une renommée qui est désormais du domaine de l'histoire.

CHAPITRE XX

Joie et bonheur du pieux Michel Guérin par suite de l'apparition. — Apostolat de la prière réservé au vénéré curé. — A la demande du pieux curé du Pont-main M. le curé Doyen de Landivy fit une première relation aux supérieurs ecclésiastiques. — Lettre-circulaire de S. G. Mgr Wicard confirmant ces faits. — Un modeste monument est élevé à l'endroit au-dessous duquel la céleste Mère avait apparu. — Spectacle édifiant dans le nombre de prêtres pèlerins qui offraient le saint sacrifice au Pont-main. — Procession organisée par le vénéré Michel Guérin pour aller au champ de l'apparition. — Grâces sollicitées et obtenues; le doigt de Dieu est là.

La faveur de l'apparition de l'auguste Vierge Marie, Reine du monde et terreur des démons, faisait naître dans le cœur du pieux Michel Guérin un cantique incessant d'actions de grâces. Comment exprimer, en effet, à Dieu sa reconnaissance pour un bienfait si extraordinaire? Aussi c'était aux pieds des saints autels que le vénéré curé accourait pour remercier Dieu et Celle qu'il aimait avec une si ardente affection.

Mais la renommée de ce grand miracle ne tarda pas à se répandre au loin, la foule accourait des paroisses voisines et de divers pays, et chacun voulait interroger les enfants, afin de connaître, par leur témoignage, tous les détails de la céleste apparition. Jamais on ne put trouver une variation dans le récit, preuve irrécusable que leur mémoire avait gardé le souvenir des choses, avec une clarté et une précision, où il était facile de voir l'intervention divine.

Quant au vénéré curé du Pont-main, le pèlerinage naissant offrait à son zèle un nouveau moyen de travailler à la conversion des âmes. Si dans tous les temps il avait reçu des personnes étrangères à sa paroisse, qui s'adressaient à lui pour la confession, ce fut bien autre chose après la céleste apparition.

Il n'y avait pour ainsi dire point de jour où il ne vînt des étrangers au Pont-main, et parmi les pieux pèlerins il y en avait toujours qui aimaient à se réconcilier avec Dieu, par le ministère du vénéré Michel Guérin. C'est ainsi que le ciel se plaisait à récompenser les ardents désirs dont son âme avait été dévorée pour le salut des âmes.

Tous les jours l'église se remplissait pour les exercices de piété; on chantait de nouveau les prières et les cantiques du jour de l'apparition et la grâce de Dieu se répandait dans les cœurs. Maintenant ce n'était plus seulement à ses paroissiens que le pieux Michel Guérin pouvait faire goûter le don de la prière, il était devenu, à la lettre, l'apôtre de la prière.

O mon Dieu, que vos voies sont admirables sur les hommes. Il semblait aux yeux de tous que ce prêtre n'aurait jamais d'autre théâtre pour son zèle dévorant et pour son goût de la prière qu'un humble village, et voilà que tout à coup, sans changer sa situation, Dieu lui donne l'apostolat le plus glorieux et le plus fécond.

Mais nous le savons tous, dans la sainte Église romaine, c'est à l'autorité épiscopale qu'il appartient de porter un jugement canonique sur les faits merveilleux qui ont lieu et sur les nouvelles dévotions auxquelles le ciel se plaît à donner naissance. Le pieux Michel Guérin n'ignorait point son devoir à ce sujet, il fit donc connaître l'événement du Pont-main à ses supérieurs ecclésiastiques.

Le digne curé de Landivy, à titre de Doyen ou de Vicaire forain, comme le nomme le Droit canon, avait la charge de faire une relation sur ce grand fait. Il s'acquitta de ce devoir avec un zèle inspiré de Dieu, il vint au Pont-main, il conféra avec le vénéré Michel Guérin, il interrogea les enfants, entendit les témoignages de plusieurs des personnes qui avaient été présentes, et il fit un rapport exact, précis et complet sur la merveilleuse apparition.

Ainsi qu'on le voit, tout se passait, dans cette affaire, selon toutes les règles de la sagesse et conformément aux lois qu'il convient d'observer.

Voici en quels termes S. G. Mgr l'évêque de Laval expose les faits dont nous parlons, dans une *Lettre circulaire*, publiée sous la date du 8 avril 1871.

« Le prêtre judicieux et digne de toute notre confiance
« qui nous envoyait ce rapport nous déclarait qu'invité
« par le bon curé de la paroisse à vouloir bien se rendre
« sur les lieux pour prendre connaissance de ce qu'au-
« raient à lui dire quatre de ces jeunes paroissiens, il
« n'avait pas cru devoir se refuser à un désir très-vive-
« ment exprimé. »

Après avoir exposé la manière dont M. le curé Doyen a fait sa relation Sa Grandeur ajoute, « que cette intéressante lettre resta quelque temps sans réponse. Il en « vint d'autres, auxquelles il ne fut également rien répondu. Puis quelques explications furent demandées, « quelques avis donnés; et un peu plus tard un nouveau « rapport, plus précis, plus complet, me fut envoyé, mais « sans rien changer d'essentiel, ni rien ajouter au premier. »

Il ne faut pas nous étonner de voir l'autorité épiscopale agir avec une si grande réserve et cette prudente lenteur; elle a une immense responsabilité devant Dieu, et puis ses décisions ne sont pas pour un jour, elles subsistent, c'est pourquoi il ne convient point de se trop hâter.

Après cette première information, S. G. Mgr de Laval eut pour agréable, — ce sont ses propres expressions, — que des prêtres de Laval et des professeurs du séminaire allassent visiter le Pont-main, voir et faire parler les enfants. L'un d'eux y fit deux voyages, interrogea les enfants, les parents, les religieuses, et presque tous les témoins. C'est ce travail qui a été publié sous le titre : *L'événement du Pont-main*, avec *l'imprimatur* de l'Évêché; il est assez connu de tous.

Plus on examinait cette affaire et plus elle inspirait confiance à tous les esprits pieux et sincères qui cherchaient la vérité avec bonne foi. Ainsi qu'on le voit, la confiance du vénéré Michel Guérin s'imposait aux autres, et l'autorité épiscopale comprenait de jour en jour que l'événement du Pont-main était un miracle digne de la plus sérieuse attention.

« Sa Grandeur dit : « Enfin M. Vincent, notre vicaire « général, a été prié et chargé par moi de se rendre dans « cette paroisse, avec M. l'archiprêtre d'Ernée et M. le « Doyen de Landivy, comme assistants, afin d'ouvrir « une enquête canonique sur toute l'affaire et sur tout ce « qui s'y rattache. Cette enquête a eu lieu aussi ample « que possible ; elle ne contredit en rien d'important les « récits antérieurs. »

Dans cette même *Lettre circulaire*, Mgr de Laval disait : « En toute autre matière, nous n'hésiterions pas à « prononcer que la cause est suffisamment instruite. « Mais l'Église n'a pas l'habitude d'aller si vite dans ses « jugements. »

Par tout le contenu de cet acte épiscopal il était évident que l'autorité inclinait vers la croyance à la céleste apparition de la très-sainte Vierge au Pont-main. En même temps la presse religieuse publiait l'opuscule : *L'événement du Pontmain*, en entier ou par extraits, et, à cause de *l'imprimatur* de l'évêché, aucun catholique n'hésitait à avoir foi à ce nouveau miracle.

Il était évident que cette immense publicité devait donner au pèlerinage de Notre-Dame du Pont-main un très-grand développement.

Le pieux Michel Guérin pouvait dès lors se réjouir ; l'autorité épiscopale confirmait par un premier acte que sa paroisse avait été visitée par l'auguste Vierge Marie. Bientôt on vit accourir les étrangers et les pèlerins venir de toutes les parties de la France. Il était dès lors temps de donner quelque satisfaction à toutes ces âmes pieuses qui venaient de loin sur cette terre bénie par la présence de la céleste Mère.

En attendant la construction d'un sanctuaire, on prit donc soin d'élever une petite colonne, sur le lieu même au-dessus duquel l'auguste Vierge Marie avait apparu. Une statue de Notre-Dame d'Espérance du Pont-main, avec sa robe bleue couverte d'étoiles, son voile et sa couronne, fut placée au-dessus de la colonne. Ce lieu devint un des endroits privilégiés où les pieux pèlerins aimaient à prier.

Ce petit monument était de la plus grande simplicité; un grillage en bois entourait la colonne avec un gradin pour se mettre à genoux. C'est là où l'on apportait des couronnes aux pieds de l'auguste Vierge Marie. Ce lieu était le plus fréquenté du pèlerinage.

Il serait difficile d'exprimer avec quelle touchante amabilité le vénéré curé du Pont-main accueillait les prêtres en si grand nombre qui accouraient pour solliciter là les bénédictions célestes. Le pieux Michel Guérin avait, du reste, bien de la peine pour suffire à tout. Il fallait être à la fois à la sacristie et au confessionnal et puis satisfaire aux demandes des nombreux pèlerins pour les objets à bénir.

Dès le mois de septembre 1871, S. G. Mgr l'évêque de Laval jugea nécessaire de donner un vicaire au vénéré curé du Pont-main. A cette époque déjà, les paroisses venaient de très-loin conduites par leurs pasteurs. Avant le jour il fallait commencer les messes, au milieu de la foule des pèlerins arrivés de la veille ou qui avaient voyagé pendant la nuit. Le prêtre qui eut le bonheur d'être nommé vicaire était digne à tous égards de ce poste de confiance, il s'appelait M. l'abbé Lemaitre.

Rien n'était édifiant comme le spectacle qui se voyait pour ainsi dire tous les jours, au moins pendant la belle saison, dans l'église du Pont-main. Il y avait trois messes à la fois, et néanmoins les saints sacrifices ne pouvaient guère finir avant midi. Là, les prêtres en nombre considérable restaient prosternés en prières pendant plusieurs heures. Quant à nous nous l'avouons, rien ne nous a émus comme cette réunion de pèlerins venus au Pont-main uniquement en vue de prier.

Il y a dans cette église comme un parfum qui invite à prier; on ne s'y lasse pas, on n'y est point soumis aux distractions, l'âme est subjuguée par le plus doux des attraits célestes.

C'est là, où pendant plus de trente-cinq ans, le pieux Michel Guérin a prié ; c'est là qu'il a sollicité la miséricorde et qu'il a fait violence au ciel. Mais l'auguste Vierge Marie n'a pas dédaigné les supplications de son serviteur bon et fidèle et elle est venue. Le vénéré curé du Pont-main a pu voir avant sa mort la transformation qui s'était faite. Quel miracle et quel prodige !

Dans cette église qu'il avait trouvée si pauvre et si délabrée en entrant dans cette paroisse, il a vu jusqu'à quarante et cinquante prêtres, pour ainsi dire tous les jours, offrir le saint sacrifice de la messe. Le vénéré Michel

Guérin pouvait dès lors se réjouir d'avoir voulu cette humble paroisse de préférence à une autre plus importante et dont les habitants auraient été plus riches.

Presque tous les jours le pieux curé du Pont-main organisait une procession ; elle avait lieu ordinairement de 9 heures et demie à 10 heures du matin, même le temps fût-il mauvais, car tous les pèlerins sollicitaient cette faveur. Il n'y avait point de pompe ni d'éclat, mais en retour la foi était bien vive dans les âmes et les cœurs y étaient bien disposés à prier.

Au signal donné par le vénéré curé les assistants partaient de l'église, en chantant les litanies de la très-sainte Vierge ; on se dirigeait vers la grange de Barbedette ; arrivée là la procession faisait une halte, tous se tournaient vers le lieu de l'apparition, et les prêtres, qui étaient presque toujours en grand nombre, chantaient une hymne ou une antienne. Oh ! de douces larmes mouillaient alors bien des paupières, au souvenir de la bonté et de la miséricorde de l'auguste Vierge Marie.

De là la procession prenait le chemin qui passe au-devant de la maison de Guidecoq, et on se dirigeait ensuite, en longeant l'ancien cimetière, vers le champ où était dressée la colonne au-dessus de laquelle était la statue de Notre-Dame du Pont-main. Tous ceux qui ont assisté à cette fête si simple n'en oublieront jamais le doux souvenir.

« En vérité, s'écrie un vénérable prêtre, je ne sais rien « de plus délicieusement impressionnable, de plus agréa

« blement émouvant que cette quotidienne et agreste pro-
« cession du Pont-main. Là, point d'ornement pompeux
« sans doute, mais quelle touchante simplicité, que de
« foi vive et de sublime grandeur, en cette assemblée de
« pèlerins recueillis ! Là, on dirait qu'on sent l'âme s'a-
« grandir ; la pensée s'élève plus doucement vers Dieu
« dans cette solitude sainte. »

Parvenue à cette image bénite, un des prêtres invités par le pieux Michel Guérin adressait aux pèlerins une exhortation. Jamais peut-être un autre lieu n'a offert à la parole de Dieu une semblable occasion de produire des fruits de vie dans les âmes. Après que l'orateur avait parlé, le vénéré curé du Pont-main faisait les recommandations demandées par les pieux pèlerins et il récitait, avec tous les assistants, quelques prières. Nul de ceux qui ont entendu cet homme de Dieu en ce moment n'oubliera cette voix émue qui avait blessé d'amour le cœur de la céleste Mère des miséricordes.

C'est à ce moment qu'on entonnait le cantique si aimé au Pont-main : *Notre-Dame de l'Espérance*, et ensuite le *Magnificat*. La procession rentrait alors à l'église au chant du *Te Deum*. C'est ainsi que la foi se réveillait dans les âmes et que les cœurs se tournaient vers l'auguste Vierge de qui nous viendra le secours.

En rentrant à l'église, les pèlerins voyaient encore les prêtres célébrant le saint sacrifice aux trois autels. Mais aux pieds de la statue de la céleste mère, Vierge immaculée, à côté de l'autel, une foule pieuse se pressait, priant avec ardeur, parce qu'elle attendait et espérait la guérison de plusieurs malades venus de loin pour solliciter la grâce de leur guérison.

Pendant notre séjour dans ce lieu béni, nous avons vu aussi des personnes soumises à l'obsession diabolique pour lesquelles on priait. Oh ! que les démons se trouvaient mal à l'aise dans cette église. Il était curieux de suivre de l'œil tous les mouvements de ces malheureuses victimes de l'esprit du mal.

Au milieu de ces prières, le vénéré curé du Pont-main était heureux, il avait reçu du ciel bien au delà de ses vœux. Ah ! nul n'était tenté de révoquer en doute ce grand miracle, à la vue de cette foule accourue là des pays les plus divers. Chacun s'écriait : Le doigt de Dieu est là, c'est l'auguste Vierge Marie qui a fait cette merveille et a créé ce pèlerinage.

CHAPITRE XXI

Accroissement et développement du pèlerinage à Notre-Dame de l'Espérance du Pont-main. — Disposition des heureux témoins de la céleste apparition; ils sont la joie de leur vénéré pasteur. — Fidélité avec laquelle ils conservent le dépôt qui leur a été confié. — Attrait qui amène les pèlerins à faire leur confession aux pieds du pieux Michel Guérin. — Comment la foi revêtait le vénéré curé du Pont-main d'entrailles de miséricorde pour ses frères. — Il aimait surtout à faire éviter les jugements à l'égard de notre prochain. — Association de prières érigée au Pont-main par l'autorité épiscopale. — Le Pont-main établi à jamais le centre du mouvement de Réparation qui doit couvrir toute la face de la terre.

Les desseins de Dieu sont profonds comme des abîmes; c'est ainsi qu'après avoir couronné de gloire et d'honneur le nom du vénéré curé du Pont-main, le ciel va le ravir à la terre tout à coup et par un accident inattendu. Ah! il est donc vrai, nous ne sommes que néant, et notre mérite ne consiste qu'à croire, à espérer et à aimer ici-bas. Heureux ceux qui comprennent ainsi le but de la vie!

Ainsi que nous l'avons vu, le pèlerinage à Notre-Dame de l'Espérance du Pont-main ne cessait de s'accroître et de prendre un développement de plus en plus consolant. Le pieux Michel Guérin s'occupait de l'église à construire sur le lieu de l'apparition, car des aumônes abondantes étaient recueillies tous les jours.

Au bout d'un an, le 17 janvier 1872, le vénéré curé

put savourer la plus douce des joies pour son cœur; c'était la grande solennité du premier anniversaire de l'apparition de la très-sainte Vierge au Pont-main. L'église de la paroisse était trop étroite pour l'affluence des pèlerins, et un très-grand nombre d'entre eux furent obligés, malgré les rigueurs de la saison, à stationner sur la place et dans l'ancien cimetière.

A cette occasion le pieux Michel Guérin eut la consolation de bénir une nouvelle statue de Notre-Dame du Pont-main, qui avait été sculptée, d'après le récit et les indications les plus précises des heureux témoins du merveilleux miracle.

Il y avait grande fête au Pont-main et c'était le dernier anniversaire que le curé célébrait. La grange de Barbedette avait été ornée et illuminée. Tous les pèlerins priaient avec confiance. C'est par ces éclatantes manifestations de notre foi que la France éloigne au loin les malheurs dont elle est menacée, ou du moins c'est par là qu'elle obtiendra la grâce du salut, et du triomphe du bien sur le mal.

Tous les enfants dont la très-sainte Vierge avait fait ses témoins fidèles étaient là, et ils ne cessaient d'être la joie et la consolation de leur bien-aimé curé. Ils avaient bien mis à profit les exemples de piété et de dévotion dans lesquels ils avaient été élevés. Chacun pouvait voir les petits garçons, Eugène et Joseph Barbedette, servir la sainte messe avec foi et recueillement; les deux jeunes filles étaient aussi, sous la direction des religieuses, un sujet d'édification.

Il était loisible aux pèlerins d'approcher les enfants, de les interroger sur la céleste apparition et même de présenter des objections; ni le vénéré Michel Guérin, ni les religieuses, ne mettaient obstacle à ces pieux désirs qui avaient pour but de s'édifier.

De l'aveu de tous ceux qui les ont eus sans cesse sous les yeux, depuis la céleste apparition, les enfants ont été grandissant en piété, en ferveur et en vertu. Le souvenir de ce miracle dont ils ont été les heureux témoins ne les a jamais quittés; c'est un fruit de bénédiction qui sera sans doute fécond en eux. Quant à Joseph et Eugène Barbedette, ils sont entrés, depuis la rentrée scolaire de 1872, au petit séminaire de Mayenne, qui est celui du diocèse de Laval.

Les deux jeunes filles commencent à sentir naître en elles la vocation religieuse, mais elles sont, à l'heure présente, au pensionnat du Pont-main.

Fidèles à l'éducation chrétienne dont l'âme de ces heureux voyants a été nourrie par les soins du pieux Michel Guérin, les témoins n'ont jamais voulu rien recevoir des pèlerins. Quelques-uns leur offraient des sommes propres à tenter des enfants de la campagne, mais ils se contentaient de répondre : « Donnez cela à M. le curé ou aux sœurs pour la chapelle. » C'est là un signe visible et éclatant de la divine grâce dans ces jeunes cœurs.

Il n'entrait point dans les desseins de Dieu que ni le pieux Michel Guérin, ni aucune des dignes religieuses, fussent appelés à voir l'auguste Vierge Marie dans la céleste apparition, car il serait né dans tous les esprits des soupçons de connivence avec les enfants. C'est par des témoignages qui ne peuvent se prêter, ni à l'invention, ni à la duplicité, que le ciel a voulu que la foi à l'apparition de la très-sainte Vierge au Pont-main se répandît jusqu'aux extrémités de la terre.

Les heureux voyants sont, en effet, fidèles jusqu'à la scrupuleuse délicatesse; aucun détail aussi léger qu'il soit n'échappe à leur observation, et pour rien au monde ils admettraient une circonstance qui ne serait pas conforme à ce qu'ils ont vu et observé.

Ils disaient à un religieux, au sujet de la statue que le sculpteur avait tâché, néanmoins, de modeler selon leurs indications : « Remarquez, mon Père, on n'a pas fait « comme nous avons dit. On voit un peu l'oreille ; dans « l'apparition, on ne voyait pas les oreilles ; elles étaient « cachées par le voile. »

Ils continuaient ainsi : « On a mis du rouge sur la « figure, il n'y en avait pas, la figure était toute blanche. « On a mis un petit ourlet à la robe, autour du cou, il « n'y avait rien ; c'était tout uni et la robe montait jus- « qu'au cou. On a représenté les mains presque droites, « devant les épaules, pendant le cantique : *Mère de « l'Espérance,* elles étaient davantage penchées en ar- « rière. » Ainsi qu'on le voit, les voyants veulent à tout prix conserver dans son intégrité la vérité de la céleste vision dont ils ont été favorisés. Certes aucun témoin ne saurait être plus précis, plus exact et plus véridique.

Plus on médite sur cette céleste apparition, plus on essaye d'approfondir la haute et sublime signification des symboles divins qui se sont si merveilleusement succédé, dans une série de tableaux, et plus on sent son âme ravie dans les transports d'admiration. Oh ! nous comprenons bien que le vénéré curé du Pont-main, qui recevait de si grandes grâces touchant ce miracle, ne pouvait contenir son émotion et qu'il en fût attendri jusqu'à verser des torrents de larmes.

Certes, s'il y avait un prêtre qui eût vécu, au milieu de son ministère sacerdotal, dans des sentiments d'une foi vive, d'une ferme espérance et d'une ardente charité, c'était le vénéré Michel Guérin. Il suffisait de le voir dans son église ou au saint autel, pour attester que la présence du divin Maître vivant dans son tabernacle, sous les saintes espèces du pain consacré, faisait sur lui une impression si vive qu'il en perdait la respiration.

Ainsi que le Vénérable curé d'Ars le pieux Michel Guérin pouvait dire : « Quand on pense au ciel peut-on con-
« sidérer la terre ? Après qu'elle se fut promenée dans le
« ciel, sainte Thérèse ne pouvait plus voir les choses
« d'ici-bas. Quand on lui montrait un bel objet, elle di-
« sait : Ce n'est rien cela ; ce n'est que de la boue. »

Nous nous sommes demandé pourquoi les pèlerins avaient un attrait si profond pour aller faire leur confession au vénéré curé du Pont-main ? C'est qu'il était l'homme de la miséricorde, parce qu'il était l'homme juste qui vit de la foi.

Il avait puisé dans son goût pour la prière une lumière dont il faisait usage au confessionnal. A ses yeux tout pénitent que la grâce conduisait à ses pieds était digne d'une immense compassion ; si les dispositions qu'il apportait étaient insuffisantes, il ne négligeait rien pour obtenir de Dieu qu'elles devinssent plus parfaites. C'est par cette voie de condescendance et de zèle qu'il ramenait les cœurs à Dieu.

Le vénéré Michel Guérin avait sans cesse présente à son esprit cette parole des Livres Saints : « Tu n'éteindras pas la mèche qui fume encore, tu ne briseras pas « le roseau qui plie ; » aussi son cœur était revêtu d'une miséricorde que rien ne pouvait lasser. Il se rappelait cette parole du divin Sauveur à saint Pierre : « Tu par« donneras septante fois sept fois, » c'est-à-dire, sans jamais fermer ton cœur à la compassion, ou, selon l'interprétation des docteurs, tu pardonneras sans limite. C'est là ce qui explique l'attrait suave qui amenait à ses pieds tant de pécheurs.

C'est par la foi que l'âme va à Dieu, mais l'espérance lui donne des ailes pour s'élancer vers lui, et c'est par la charité que l'union de l'homme à Dieu s'opère au milieu des plus suaves embrassements. A l'aide de sa foi vive et ardente le pieux Michel Guérin en était venu à pouvoir dire avec l'Apôtre : « Ce n'est plus moi qui vis, c'est « Jésus-Christ qui vit en moi. »

Il savait que l'âme qui est en état de grâce a le Saint-Esprit en elle pour la diriger, aussi il mettait tout son zèle à faire éviter le péché, et si quelqu'un commettait des fautes, il lui rappelait avec douceur que nous avons en Jésus un avocat, qui nous réconcilie avec son Père par son sang divin.

Le vénéré curé Michel Guérin aimait surtout à faire

éviter, à ceux qui se confiaient à sa direction, les jugements téméraires à l'égard de notre prochain. Il se rappelait souvent à lui-même cette parole des saints Évangiles : « Ne jugez pas, et vous ne serez pas jugés. Dans la « mesure où vous jugerez les autres, il vous sera à vous-« même pardonné. »

Un des défauts les plus tristes des hommes dans les temps où nous vivons, c'est l'inclination à tout juger dans notre prochain. Nous jugeons à tort et à travers, sans connaître les voies où Dieu se plaît à conduire les hommes, sans tenir assez de compte des intentions qui les dirigent, sans condescendance pour leur manque de lumière ou pour la fragilité de la nature.

Le pieux Michel Guérin avait appris à l'école de la charité du Cœur divin de Jésus, qu'il ne nous appartient pas de juger notre prochain. Ce n'est pas à nous que les hommes auront à rendre compte des actions de leur vie, c'est à Dieu. Dès lors, il faut autant que possible nous abstenir de blâmer, de condamner et de critiquer, à l'exemple de l'humble curé du Pont-main.

Au tribunal de la pénitence, le vénéré Michel Guérin était tout mansuétude, il ne se rebutait point à cause des faiblesses des pénitents, en un mot, il était l'homme de la divine miséricorde, c'est pourquoi Dieu a été à son tour très-miséricordieux envers lui.

Les vertus, dans le cœur de l'homme juste, sont unies entre elles; car l'acquisition de l'une sert comme d'un moyen efficace pour parvenir à en pratiquer une autre. Mais pour faire des progrès dans les voies du bien il convient de ne rien négliger. C'est ainsi que le pieux Michel Guérin aimait à recommander toutes les dévotions, et en particulier celle de s'enrôler dans un tiers ordre, de faire partie du Saint-Rosaire, ou, comme nous l'avons déjà dit, de se revêtir des livrées de la sainte Vierge, en portant le saint scapulaire.

C'est l'association qui est la force par excellence, soit dans l'ordre matériel, soit dans l'ordre moral, *triplex funiculus difficile rumpitur*, disent les Livres saints. Mais c'est surtout dans la prière, que cette vérité trouve son application. Aussi S. G. Mgr de Laval, sachant bien que le Pont-main était un lieu de prières, n'hésita pas à ériger une *association*, afin d'unir en faisceau les vœux de tous les cœurs.

Par cet acte épiscopal, qui eut lieu peu de mois avant la mort du pieux Michel Guérin, Mgr Wicart donna satisfaction à un des désirs les plus ardents du vénéré curé du Pont-main. Voici les articles de la confrérie érigée par S. G. Mgr de Laval, et qui furent promulgués dans la *Lettre pastorale* du 20 juillet 1872 :

« Art. 1er. Une Confrérie ou Association de prières est « établie, en l'honneur et sous le vocable de Notre-Dame « de l'Espérance, dans l'Église du Pont-main, en faveur « de tous les enfants de cette paroisse et de toute paroisse « quelconque de notre diocèse dont les enfants voudront « s'y faire inscrire. »

« Art. 2. Un billet d'agrégation sera envoyé par M. le « curé du Pont-main, ou M. son vicaire, à quiconque en « aura fait par lui-même ou par son curé la demande. »

« Art. 3. La seule charge imposée aux associés sera de « réciter chaque jour, à l'église, à l'école, ou en famille, « un *Ave Maria*, pour soi, pour ses parents, pour le dio- « cèse, pour la France entière et pour la sainte Église de « Dieu. »

L'autorité épiscopale a consacré le titre si beau : *Notre-Dame de l'Espérance ;* mais il est évident que le vé- néré curé du Pont-main l'avait pour ainsi dire désigné et prédit, en faisant chanter si souvent dans son église le cantique :

Mère de l'Espérance
Dont le nom est si doux,

Souvenez-vous, Marie,
Qu'un de nos souverains
Remit notre patrie
En vos augustes mains.

Mais cette Mère de l'Espérance, c'est bien la souveraine Impératrice, la Reine du monde, celle qui règne sur toute l'armée des cieux, et au nom de laquelle tremblent les démons. Heureux curé du Pont-main, c'est dans votre paroisse que le ciel révèle à la terre tant de mystérieux secrets ; c'est là où sera à jamais le centre de ce grand mouvement de régénération et de Réparation qui doit couvrir un jour toute la face du monde.

CHAPITRE XXII

Dieu soumet aux épreuves tous ceux qu'il aime. — Comment le vénéré Michel Guérin avait connu le mystère de la croix et en avait recueilli les fruits. — Causes qui amenèrent la mort du pieux curé du Pont-main. — Par un accident il a un bras cassé et des lésions dans les vaisseaux de la poitrine. — Malgré son mal, le vénéré Michel Guérin peut dire la sainte Messe. — Ses dispositions testamentaires; il fait une large part aux pauvres. — S. G. Mgr de Laval lui confère le titre de chanoine honoraire. — La cérémonie eut lieu au Pont-main, le 13 mai 1872. — Ce qu'est un vrai pasteur dans une paroisse.

Dieu soumet à l'épreuve tous ceux qu'il reçoit au nombre de ses enfants ; mais ce fruit si amer de la tribulation ne tarde pas à apporter la paix dans notre âme. Il n'y a jamais eu au monde un seul serviteur de Dieu à qui le ciel n'ait point mis la croix sur les épaules, afin qu'il marchât, à la suite du divin Sauveur, dans cette voie royale, quoique étroite, qui conduit à la vie éternelle. Le pieux Michel Guérin était du nombre des enfants de Dieu, il n'a pas été dès lors exempt de croix et de souffrances.

C'est dans le ciel seulement que nous connaîtrons combien Dieu a exercé envers nous sa divine miséricorde, en semant sur nos pas des épines, en permettant aux démons de susciter contre nous les contradictions, ou en nous livrant aux attaques injustes de la calomnie dont la langue acérée a déchiré notre réputation et l'honneur de notre nom. « Si le grain de froment jeté en terre ne « meurt pas, nous dit le divin Sauveur, il reste seul et « ne fructifie point. » Il en est de même dans les choses de l'ordre spirituel. Dès lors tout serviteur de Dieu doit mourir à soi-même, mais nul n'est à lui-même son bourreau, c'est pourquoi les démons remplissent cet office, soit par eux-mêmes, soit par ceux qui sont dociles à leurs inspirations.

Oh ! que Dieu est admirable dans l'économie de sa divine Providence envers ses élus. Mais pour pénétrer la sagesse de ses conseils, il faut comprendre le mystère de la croix, il est nécessaire qu'à la clarté de la lumière céleste nous sachions que la tribulation est le moyen par excellence par lequel le ciel nous détourne des voies du mal, et nous amène à l'union divine.

Le vénéré Michel Guérin avait été pendant toute sa vie soumis à des épreuves diverses ; il avait eu des tribulations de tout genre, l'ange de Satan ne lui avait laissé aucun repos ; mais tout cela par la vertu de la grâce avait été utile à son âme. Le premier fruit de la croix est de nous faire connaître notre néant et la vanité des choses d'ici-bas ; c'est par là que l'humilité met en nous des racines profondes. Puis l'humilité engendre dans notre âme la pureté de l'âme et celle du corps, et ainsi nous sommes préparés à l'union avec Dieu.

Nous allons voir que parvenu à la fin de sa carrière le ciel a traité le pieux Michel Guérin comme il l'avait été pendant sa vie. Il y aura dans la cause de sa mort le signe qui a été en lui le caractère distinctif de ses épreuves; il mourra par suite d'un accident qui a été la suite de son amour du devoir et de son zèle, en vue de service de Dieu.

Le 13 janvier 1872, il y avait l'adoration perpétuelle à Saint-Ellier et le pieux Michel Guérin fut invité à chanter la grand'messe dans cette paroisse.

Il partit de bonne heure, et il commença à faire à pied les six kilomètres qui séparent le Pont-main de Saint-Ellier. Au moment où il était près d'arriver, il aperçoit S. G. Mgr de Laval dans sa voiture ; Mgr Wicart invita le vénéré curé à revenir avec lui au Pont-main, car il venait dans le but de faire subir lui-même un dernier interrogatoire aux enfants témoins de l'apparition.

Le pieux Michel Guérin prit place dans la voiture et il revint au Pont-main avec Sa Grandeur ; il y avait à la cure le digne M. l'abbé Lemaître qui partageait les travaux et les fatigues du nouveau pèlerinage. Mais en attendant, l'heure s'avançait et le vénéré Michel Guérin ne tarda pas à s'apercevoir qu'il lui serait très-difficile d'arriver à temps à Saint-Ellier pour la grand'messe. Il jugea donc qu'il était utile d'envoyer chercher une des carrioles du pays, afin de gagner du temps.

Mais c'est en vain que le vénéré curé avait pris un des meilleurs conducteurs ; ils avaient fait presque le chemin, lorsqu'au détour de la route, le cheval vit une de ces voitures dont les propriétaires vont de village en village. Aux cris poussés par les personnes, le cheval s'effraya, et, par un brusque mouvement, il se jeta dans un fossé.

Par le contre-coup, le vénéré curé du Pont-main fut lancé en arrière, et en tombant sur les cailloux entassés sur la route, il se cassa un des bras, et, ce qui fut bien plus grave, il y eut des lésions dans les vaisseaux de la poitrine.

Des personnes s'empressèrent de venir le relever, mais il était sans connaissance. Dans cet état il fut apporté au presbytère ; là, il revint à lui et il voulait dire la messe. Mais les faiblesses le reprenaient à chaque instant, et il ne fut point possible de lui donner cette douce consolation. Un médecin, M. Paul, averti de cet accident, accourut, et il raccommoda le poignet avec une très-remarquable habileté.

Enfin, vers le soir, il put être ramené au Pont-main, par les soins de M. l'abbé Lemaître, son vicaire, et d'un autre jeune homme qui avait pour lui un véritable dévouement. Appuyé sur ces deux amis, il fut ainsi porté au presbytère. Mais en le voyant dans ce triste état, les habitants, saisis comme d'un funeste pressentiment, se disaient : « Cet accident sera la cause de sa mort. »

Tous les esprits furent accablés d'une profonde tristesse, car le vénéré Michel Guérin resta trois jours sans dire la messe. C'était là le plus grand sacrifice qui pût lui être imposé. Après ce temps, il ne lui fut pas possible de résister à son ardent désir de célébrer, et malgré les douleurs les plus atroces, à l'aide de son jeune vicaire, il se rendit à l'église. Là il parvint à dire la sainte messe, parce que M. Lemaître tournait les feuilles du missel et tenait les vases sacrés.

Le vénéré Michel Guérin resta ainsi pendant six semaines. Enfin le poignet finit par être entièrement remis, mais il fut loin d'en être ainsi pour la poitrine qui ne cessait de donner les plus vives inquiétudes. Déjà depuis des années, le pieux curé du Pont-main éprouvait les douleurs les plus cruelles, à cause d'une lutte qu'il avait eu à soutenir, ainsi que nous l'avons déjà dit, contre un voleur. Dès ce temps, il n'avait jamais cessé de souffrir. S'il se mettait à genoux quelque temps, sa voix s'arrêtait et les forces lui manquant il s'évanouissait.

Mais l'accident de sa chute renouvela toutes ses douleurs et mit sa vie en danger. Il ne se fit pas illusion sur le péril où il était; c'est pourquoi il voulut faire toutes ses dispositions, ou du moins il prit ses mesures pour faire connaître ses dernières volontés.

En premier lieu, il donna une somme nécessaire pour permettre de faire un étage de plus à la maison d'école, qui était désormais devenue insuffisante, à cause des personnes qui visitaient les religieuses. C'était là une des œuvres qu'il avait le plus à cœur.

Quant à son linge, le pieux Michel Guérin le légua pour les pauvres, ainsi que deux cents francs de reste. Après avoir tant aimé à faire l'aumône aux indigents pendant sa vie, il voulut continuer à la faire par d'autres mains, même après sa mort. La bibliothèque fut léguée pour son successeur. A l'égard des meubles, ils furent donnés aux religieuses, car il était juste que les précieuses auxiliatrices dans toutes les œuvres de son zèle eussent cette part.

A dater du terrible accident du mois de janvier, le vénéré curé du Pont-main ne cessait de s'affaiblir. Certes, les soins assidus ne lui faisaient point défaut; la sœur Timothée, si dévouée au soin des malades de la paroisse, se prodiguait pour son pasteur; elle ne le quittait que le temps indispensable pour remplir ses devoirs de supérieure. Quant au médecin, il faisait appel à toutes les ressources de son art. Mais le ciel, dans ses desseins insondables, avait résolu de l'enlever à l'amour et à la vénération de ses paroissiens.

Mais le vénéré Michel Guérin, depuis la céleste apparition de l'auguste Vierge Marie, avait senti naître dans son cœur mille pieux désirs; il voulait voir s'élever le nouveau sanctuaire dont il était question de jeter les fondements; il aspirait à être témoin du développement du nouveau pèlerinage : tous ces projets le rattachaient à la vie. Aussi, malgré sa situation, il disait quelquefois aux personnes qui l'entouraient : « Peut-être que j'en reviendrai ! » Si le mal diminuait, il retrouvait toute sa gaieté, et il avait même quelques paroles d'agréable plaisanterie à faire entendre. Il multipliait aussi les questions pour savoir si, avec le beau temps, ses forces ne vaincraient pas le mal. Hélas ! il était bien difficile de répondre, car la pâleur de la mort était sur ses traits et sa fin s'avançait à grands pas.

Néanmoins, il parvenait à dire la sainte messe; mais il se couchait aussitôt, car il était sous le poids d'une grande oppression.

Offrir le saint sacrifice a été jusqu'à son dernier jour

la plus douce des consolations, car il est resté jusqu'au bout le prêtre fidèle au devoir et à son Dieu.

C'est en ce temps qu'il reçut la nouvelle que l'évêché de Laval venait de lui conférer le titre de chanoine honoraire. Mais cet honneur ne l'émut point, il se contenta de dire : « C'est inutile, le petit curé du Pont-main n'en « avait pas besoin. » Mgr Wicart voulait lui conférer lui-même la mozette dans sa cathédrale, car Sa Grandeur avait à cœur d'honorer celui dont la céleste Mère avait glorifié le nom, par son apparition au Pont-main. Mais il n'était plus possible de se rendre à ces vœux.

Monseigneur de Laval, ayant appris que le pieux Michel Guérin ne pouvait se soutenir qu'en s'appuyant sur les bras de son vicaire, n'hésita pas à se déplacer lui-même, et il vint au Pont-main pour cette cérémonie, le 13 mai 1872. Quant au vénéré curé, il se fit transporter à l'église dans un fauteuil, et ce ne fut qu'avec des difficultés immenses qu'il parvint à offrir le saint sacrifice de la messe. Il était en proie à de si grandes souffrances, que M. l'abbé Lemaître et les enfants Barbedette ne pouvaient retenir leurs larmes.

Enfin Mgr Wicart lui donna la mozette selon le cérémonial usité; mais lorsqu'il se mit à genoux ses douleurs redoublèrent. Tous les assistants avaient des pleurs dans les yeux. Hélas ! ce fut le dernier jour où ses paroissiens le virent au milieu d'eux.

Il était donc vrai, la paroisse du Pont-main allait perdre son pasteur ; les habitants n'entendraient plus cette voix paternelle qui pendant plus de trente-cinq ans leur avait annoncé la parole du salut. A ce moment tous comprenaient le bonheur qu'ils avaient eu d'avoir eu un prêtre selon le cœur de Dieu, et leur âme était dans l'angoisse, à la pensée qu'ils allaient le perdre.

Sans doute un prêtre est pris d'entre les hommes, et il peut avoir les faiblesses et les infirmités de notre pauvre nature, mais par le caractère dont il a été revêtu, il es plus qu'un homme, il est même pour ainsi dire plus que l'ange. Si quelqu'un est dans l'affliction il peut aller sans crainte auprès de son pasteur, il entendra de sa bouche des paroles de vie.

Nous vivons dans un temps où le curé a une place bien petite au sein de la société, et néanmoins il est l'homme le plus nécessaire. C'est au prêtre qu'il faut avoir recours si on a eu le malheur de tomber dans le péché et si on veut retrouver la paix de l'âme. C'est le prêtre qui offre tous les jours le saint sacrifice de la messe, et par là il empêche le mal de prévaloir sur le bien. Que deviendrait une nation où le sacerdoce serait proscrit et persécuté ? Il suffit de le demander à l'histoire, elle répondra.

Mais le Pont-main ne mettra jamais en oubli tous les bienfaits dont il a été redevable au vénéré Michel Guérin. Nous allons donc raconter la mort de l'homme de Dieu, et rendre un dernier hommage à sa mémoire, afin que nous sachions tous que la vie du juste est couronnée toujours par une mort sainte aux yeux de Dieu.

CHAPITRE XXIII

Ceux que l'Esprit-Saint conduit et éclaire sont les vrais savants en ce monde. — A tout prix le pieux Michel Guérin veut offrir le saint sacrifice de la messe. — M. le curé de la Tannière l'avertit qu'il est temps de recevoir les derniers sacrements. — Le vénéré Michel Guérin demande pardon à ses paroissiens. — Malgré son mal il bénit et il console ceux qui le visitent. — Soins que la bonne sœur Timothée prodigue à son vénéré pasteur. — Le 28 mai, il entre en agonie; circonstances qui accompagnèrent sa dernière heure. — Fait qui atteste que le pieux Michel Guérin est puissant auprès de Dieu. — Ses funérailles au milieu du deuil des habitants. — Vœux exprimés.

Le saint Évangile nous dit : « Heureux les cœurs purs, car ils verront Dieu ; » ces paroles nous font entendre que ceux qui vivent avec un cœur qui a en horreur le péché ont le privilége de recevoir du ciel des lumières qui surpassent toutes celles que les hommes peuvent trouver dans les ressources de la science. Le Vénérable serviteur de Dieu J.-M.-B. Vianney a exprimé d'une manière admirable cette vérité : « Ceux, disait-il, qui sont con-
« duits par le Saint-Esprit ont des idées justes. Voilà
« pourquoi il y a tant d'ignorants qui en savent plus
« long que les savants. Quand on est conduit par un Dieu
« de force et de lumière on ne peut se tromper. »

Or le vénéré Michel Guérin avait toujours fait les plus grands efforts, pour conserver son cœur dans la plus parfaite pureté, c'est pourquoi l'esprit de Dieu le dirigeait. C'est par la vertu de la divine grâce qu'il n'avait jamais cessé d'être avant tout fidèle à son devoir. Aussi il ne pouvait se maîtriser, lorsqu'il s'agissait d'offrir à Dieu le saint sacrifice de la messe. Vers la fin de sa vie, Eugène Barbedette le voyant osciller sur ses jambes, et redoutant une chute, eut la pensée de mettre devant lui un tabouret élevé, afin d'éviter par là un accident.

On ne cessait d'être dans les craintes les plus vives, mais le vénéré curé se croyait guéri, et dans cette conviction il refusait l'assistance de M. l'abbé Lemaître. Un des jours du carême il voulut réciter les sept psaumes de la pénitence, mais il eut une faiblesse et il tomba la face contre terre ; Joseph Barbedette était là, il fut impuissant à le retenir. Par mesure de précaution, le soin de l'assister fut désormais confié à Eugène, afin de prévenir un nouveau malheur. Mais les forces du pieux Michel Guérin diminuaient de jour en jour.

C'est le 14 mai qu'il offrit pour la dernière fois le saint sacrifice de la messe. Toutes les personnes de la paroisse qui savaient combien le mal faisait de progrès, voulurent y assister ; il y avait bien des larmes dans les yeux, car il était évident que le ciel allait bientôt appeler à lui son serviteur. Après la sainte messe, il fallut le porter à la cure, il était d'une extrême faiblesse. Il se mit au lit et l'oppression prit un caractère plus alarmant.

Dès ce moment tous les amis du vénéré Michel Guérin ne cessèrent de craindre ; le confesseur fut invité à venir. Ce vieil ami, qui était son directeur depuis de longues années, avait été fidèle à le visiter; il accourut aussitôt, et il lui fit comprendre qu'il était temps de recevoir les derniers sacrements. A ces paroles du digne M. le curé de la Tannière, le pieux Michel Guérin fut étonné, il ne se croyait pas si près de la mort, car il espérait toujours.

Mais le serviteur de Dieu fut bientôt résigné et il se hâta de se préparer à recevoir l'Extrême-Onction. Oh! c'est une grande grâce d'avoir à sa dernière heure, auprès de son lit de mort, un ami dévoué qui vient vous dire: il est temps, voici le Seigneur, il faut faire à Dieu le sacrifice de la vie.

Il nous serait très-difficile d'exprimer avec quelle ferveur le pieux serviteur de Dieu eut le bonheur de recevoir les derniers sacrements. C'était là la plus douce récompense de sa foi et de son zèle; les anges du ciel qui étaient présents devaient être dans la joie, en voyant les sentiments de celui qui allait bientôt recevoir des mains du juste Juge la couronne de ses œuvres.

Le son de la cloche annonça à tous les paroissiens que le vénéré pasteur du Pont-main allait être administré. Tous ceux qui l'aimaient comme un père s'empressèrent d'accourir. Des fleurs furent jetées sur la route où devait passer le saint sacrement. La chambre qui était voisine de celle du malade se trouva pleine d'assistants.

Après avoir reçu l'indulgence plénière de la bonne mort, le vénéré Michel Guérin voulut remplir un dernier devoir. Les yeux pleins de larmes et d'une voix émue il demanda pardon à tous ses paroissiens; toutes les personnes présentes éclatèrent en sanglots. «Je vous demande

« pardon, dit-il, de tous les mauvais exemples que je « vous ai donnés ; je prie ceux que j'ai scandalisés de me « pardonner, de prier pour moi le bon Dieu et la sainte « Vierge, car je suis un grand pécheur. Priez ! ah ! priez « Marie que j'obtienne miséricorde. »

Il ne lui fut point possible de parler encore, à cause de la terrible oppression qui l'étouffait. Quand le confesseur se fut retiré, chacun des assistants eut le pieux désir de voir une dernière fois ce bien-aimé pasteur, et de recevoir la bénédiction de ce père qu'on était sur le point de perdre. Malgré son accablement, le pieux Michel Guérin sut encore trouver un mot d'affection pour ses visiteurs, et il adressa une parole de consolation à ceux dont l'émotion était la plus vive.

Ce visage si plein de sérénité, cette tête de vieillard avec sa calotte, inspirait la vénération ; la pèlerine couvrait sa poitrine, et il avait au cou le grand chapelet dont il avait coutume de se servir. Dans ses mains jointes il tenait son crucifix, l'arme du chrétien à l'heure du dernier combat.

L'oppression redoublait toujours, en outre il avait une forte toux, et tout cela ne permettait guère au malade de parler ; néanmoins il trouvait de temps en temps le moyen de consoler et de bénir, car le serviteur de Dieu restait jusqu'à la fin l'homme des célestes bénédictions.

Le lendemain du jour où il avait reçu les derniers sacrements, il y eut un mieux sensible dans l'état du vénéré Michel Guérin. Les jours suivants il put encore recevoir, à deux reprises diverses, la sainte communion.

C'était là un adoucissement aux douleurs de sa cruelle maladie.

Mais le mal de la poitrine allait s'aggravant, il ne pouvait respirer qu'avec la plus grande difficulté. C'est en vain que la bonne sœur Timothée s'ingéniait à le soulager, elle était réduite à voir ses remèdes impuissants. Depuis vingt-six ans cette digne religieuse avait été le témoin et la confidente de toutes les bonnes œuvres de son vénéré pasteur, elle avait une peine extrême à le voir sur son lit de mort. Pour elle c'était une grande perte, car elle avait dans le vénéré Michel Guérin, non-seulement un père et un protecteur de son Institut, mais surtout un directeur pour son âme. Ne pouvant plus retenir ses larmes, elle s'éloigna, afin que le malade ne fût pas témoin de son affliction. C'était elle qui le veillait chaque nuit.

Cependant le mois de Marie s'avançait vers sa fin et les forces du malade allaient s'affaiblissant de plus en plus. Enfin le 28 mai, vers dix heures du matin, le vénéré Michel Guérin tomba en agonie. Toutefois il ne perdit pas un seul instant sa connaissance. Aucun de ceux qui l'aimaient ne voulut s'éloigner, car il était visible qu'il ne tarderait pas à rendre le dernier soupir.

M. le curé de la Tannière et M. Lemaître, son vicaire, qui avait pour lui des sentiments d'un fils dévoué, se mirent à réciter les prières des agonisants. Le pieux Michel Guérin avait encore toute la lucidité de son esprit; ses yeux cherchaient une personne absente, c'était la bonne sœur Timothée qui venait de sortir, car elle était oppressée par sa douleur. Il se trouva un instant seul avec le jeune homme qu'il affectionnait, c'est lui qui reçut son dernier baiser. Enfin il fit entendre une parole d'affection aux deux personnes qui entendirent les derniers mots qu'il prononça ici-bas.

L'une d'elles, Mme B..., qui ne voulait pas le quitter, lui présenta le crucifix, en lui parlant de Marie qu'il allait bientôt voir. Alors il leva son regard vers la statue de la Reine du ciel, une larme brilla dans ses yeux et tomba sur sa joue ; puis ses paupières se fermèrent pour ne plus se rouvrir à la lumière de ce monde. Il était midi et dix minutes.

En entendant le râle de sa poitrine les deux prêtres sortis un instant de la chambre s'empressèrent de rentrer ; mais c'était la fin. Quelques soupirs s'exhalèrent de sa poitrine et le vénéré curé du Pont-main était en présence du souverain Juge, au tribunal de Celui qui sera à jamais sa récompense.

Les derniers devoirs furent rendus par les confrères du défunt. Après cela le corps fut descendu dans la grande salle du rez-de-chaussée.

Tous les habitants du Pont-main s'empressèrent de venir rendre les derniers devoirs au serviteur de Dieu bon et fidèle qui avait été si longtemps leur pasteur.

Le jour et la nuit il y eut, dans la chambre, des personnes qui vinrent prier. Il y eut aussi de jeunes confrères qui ne l'abandonnèrent point ; ils venaient là apprendre comment, par le secours de la divine grâce, on reste fidèle aux devoirs du ministère sacerdotal.

Dans le village, il y avait une pieuse femme dont l'enfant était souffreteux, et ne pouvait se soutenir; elle l'apporta pour le faire toucher à la dépouille mortelle du vénéré Michel Guérin. Or dès le lendemain elle constata que l'enfant était mieux d'une manière sensible. Cette femme, ayant une grande confiance dans son vénéré pasteur, recommanda à ses deux jeunes enfants de prier pour le petit dont nous avons parlé ci-dessus, parce que son bras avait été tourné par un accident. Pendant qu'on récitait l'*Ave Maria*, en invoquant le vénéré Michel Guérin, l'enfant s'endormit, et le lendemain la femme eut l'occasion de constater, avec les voisines, que toute trace de l'accident avait disparu. L'enfant qui avait poussé des cris déchirants pendant une journée ne se plaignit plus.

Le jour des funérailles fut une journée de deuil pour les habitants du Pont-main; ils savaient tous qu'ils avaient fait une grande perte, et ils pleuraient un père et un protecteur.

Le corps du vénéré Michel Guérin a été déposé dans le cimetière, dans l'endroit dont il avait lui-même fait choix pendant sa vie. Mais qu'il nous soit permis d'émettre ici un vœu, c'est que la dépouille mortelle du vénéré Serviteur de Dieu soit placée dans le nouveau sanctuaire, à une place qui sera désignée par l'autorité épiscopale.

Le monument funéraire fut choisi par l'évêché, mais tous ceux qui l'aimaient eurent à cœur d'y contribuer. A l'aide d'une souscription, on acheta aussi le terrain où il repose en paix. Depuis sa mort, bien des personnes prétendent qu'elles ont été guéries en priant le vénéré Michel Guérin, curé du Pont-main.

La sainte Écriture nous dit que la mémoire du juste ne se perd point dans le souvenir des hommes, et que son nom n'a point à craindre les langues acérées qui le flétrissent. Il en sera ainsi pour le pieux Michel Guérin; il recueillera les louanges qui sont dues à un serviteur de Dieu qui a été fidèle, et les méchants ne pourront rien pour ternir l'éclat d'un nom qui passera à la postérité. Homme de prière ici-bas, il ne doit point être oublié dans nos supplications, afin que Dieu lui soit miséricordieux; mais en même temps, sachons aussi recourir à son intercession, afin qu'il prie pour nous, pour la France et pour l'Église, au sein de la gloire dont il sera mis en possession.

ÉPILOGUE

A ceux qui nous demanderaient le motif qui nous a déterminé à écrire cet ouvrage : *Vie et vertus du pieux et vénéré Michel Guérin,* nous avons à faire une réponse décisive. Le vénéré curé du Pont-main a été, aucun de ceux qui l'ont connu ne saurait le nier, un prêtre de prière ; et ce goût et cet attrait, il a su les communiquer à ses paroissiens, selon cette loi du monde spirituel que tout bien, comme tout mal, se répand et se propage.

Mais l'auguste Vierge Marie, en faisant son apparition au Pont-main, se proposait principalement de recommander la prière et de la faire aimer :

« *Mais priez, mes enfants, Dieu vous exaucera en peu de temps. Mon Fils se laisse toucher.* »

C'est par là que la terre doit obtenir la grâce du triomphe de l'Église et du salut de la France ; car, ainsi que le disait l'humble religieuse de Bayonne : « La puissance de Dieu est infinie, c'est la prière qui la fait descendre du ciel. »

Il est certain qu'en France il y a un immense mouvement de prière, non point d'une prière privée, mais d'une prière publique, solennelle, générale et sociale. Or, si nous remontons à la source vraie et efficace de ce grand mouvement qui est la cause de tous les biens, nous ne la trouverons que dans les effusions de la grâce qui nous a été obtenue et dispensée par l'auguste Vierge Marie. C'est de l'apparition de la très-sainte Vierge au Pont-main que prend date cette détermination universelle d'avoir recours à la prière, comme moyen efficace d'éloigner de nos têtes les maux dont nous sommes menacés.

Mais il n'en reste pas moins vrai qu'en suivant les anneaux de cette chaîne qui a donné naissance à l'esprit de la prière publique et sociale, nous remontons par un lien logique au pieux Michel Guérin, et l'histoire de sa vie nous a appris que sa qualité essentielle, celle qui l'a distingué et caractérisé, c'est d'avoir été un homme de prière, de vivre dans la prière, d'avoir le goût de la prière, de savoir faire aimer aux autres la prière.

Tels sont les titres qui nous ont conduit à nous faire l'historien de la vie du vénéré Michel Guérin. Sans doute, il a vécu humble, ignoré et inconnu, mais tous ceux qui eurent les influences les plus grandes sur les destinées des nations, ont passé au milieu de leurs contemporains, sans que nul soupçonnât la grandeur du rôle dont le ciel les avait investis.

C'est une vérité à laquelle chaque jour apportera une

nouvelle confirmation. Il aura beau y avoir au Pont-main des hommes d'une grande réputation, d'une rare éloquence, il faudra toujours revenir à la source. Qu'on veuille le reconnaître, ou qu'on s'obstine à le nier, l'apparition de la céleste Impératrice au Pont-main sera nécessairement pour le vénéré Michel Guérin un titre de gloire et d'honneur.

Certes, il y a eu des Franciscains très-saints et très-illustres, depuis la fondation de l'Ordre séraphique, mais le nom qui est au-dessus de tous les autres, est et sera toujours celui de l'humble saint François d'Assise. Il en est de même dans l'Ordre de Saint-Dominique et dans tous les autres.

Combien de Pontifes d'un nom à jamais glorieux se sont assis sur le Siége Apstolique, depuis saint Pierre, mais c'est celui-ci qui reste grand par-dessus tout, parce qu'il est le premier dans cette longue série de successeurs, à titre de Vicaire de Jésus-Christ.

C'est une loi du monde spirituel; et selon cette loi, le vénéré Michel Guérin verra l'éclat de son nom grandir à mesure que le pèlerinage du Pont-main prendra de l'accroissement et obtiendra de nouveaux développements.

En écrivant la vie de cet humble prêtre, nous avons voulu montrer combien est fécond l'esprit de prière, et avec quel éclat le ciel se plaît à honorer ceux qui ont été fidèles à ce devoir.

Les fruits de vie dont le pieux Michel Guérin a jeté les semences dans les cœurs subsisteront de génération en génération. L'éloquence chrétienne peut aussi être utile aux âmes, mais tandis que les effets divins de l'esprit de prière restent pleins d'une vigueur féconde, les autres s'éteignent et disparaissent.

Notre siècle met une grande confiance dans la vertu de la science ; il faut donc lui apprendre qu'il y a un don moins éclatant, mais dont l'efficacité est mille fois plus durable, c'est d'aimer à prier au pied des autels du Dieu vivant. C'est aux prêtres surtout qu'il importe de méditer cette vérité, car elle sera pour eux la vraie lumière pour la direction des âmes.

Prier, aimer à prier doit être désormais la devise des membres du royal sacerdoce de Jésus-Christ ; et c'est en priant par Marie, en Marie, avec Marie et en saint Joseph, qu'il nous sera permis d'avoir confiance. Si par la Vie du pieux et vénéré Michel Guérin, nous obtenons ce résultat, Jésus et Marie en seront loués et glorifiés.

Avant de mourir, le vénéré Michel Guérin avait eu la suprême consolation de voir la décision canonique que S. G. Mgr Wicart avait rendue sur l'apparition de la très-sainte Vierge au Pont-main. Déjà sur la terre il avait la certitude de sa propre conviction, et celle encore plus grande qu'il puisait dans le jugement de l'autorité épiscopale. Dans le ciel, il verra tous les biens qui vont être la suite de cette merveilleuse apparition.

« C'est par la très-sainte Vierge Marie que Jésus-Christ « est venu au monde, dit le vénérable Grignon de Mont- « fort, et c'est aussi par Elle qu'il doit régner sur le « monde... Marie doit éclater plus que jamais en miséri-

« corde, en force et en grâce... Marie doit être terrible
« au démon et à ses suppôts. »

L'apparition de la céleste Reine du monde au Pontmain ouvre l'ère du règne de Marie : que tous ceux qui veulent aller par la divine Mère à Jésus-Christ se tiennent prêts. Louange et gloire à Jésus, à Marie, et à saint Joseph !

CHAPITRE SUPPLÉMENTAIRE

S. G. Mgr de Laval est investi du droit de porter une décision canonique. — Mandement du 2 février 1872 donnant le jugement canonique concernant l'apparition de la très-sainte Vierge au Pont-main. — Éloge funèbre du vénéré Michel Guérin par M. le Doyen de Landivy. — Les oblats de Marie chargés de la cure et du service de pèlerinage.

D'après les saints Canons, c'est à l'évêque qu'il appartient de faire l'enquête et l'information concernant les apparitions et les miracles, et c'est à lui à porter la sentence doctrinale. « On ne doit, dit le saint Concile de Trente, dans sa session XXVe, en se référant aux antiques lois dont il renouvelle la vigueur, admettre aucun miracle, « s'il n'a été examiné et approuvé par l'évêque « du lieu. » La grâce de l'Esprit-Saint n'a donc point fait défaut à l'autorité pour connaître et juger tout ce qui a une origine céleste.

Nous citons ici presque en entier ce document :

« L'année dernière, dit Sa Grandeur aux fidèles de son diocèse, nous vous adressâmes une première lettre sur le fait extraordinaire qui s'était produit, le 17 janvier précédent, dans la petite paroisse du Pont-main. En terminant cette lettre, nous vous disions que l'Église ne précipite pas ses jugements, surtout en matière si grave, et qu'avant de nous prononcer nous ferions ce qu'elle a toujours fait. Mais, ajoutions-nous, si le moment vient, comme nous croyons pouvoir l'espérer, où il sera possible et permis de déclarer qu'il n'y a point là un abominable concert de quatre jeunes enfants qui auraient inventé cette étrange histoire, mais que ces enfants, dont le plus âgé n'a que douze ans, appartiennent à de très-honnêtes familles, bien sincèrement chrétiennes ; qu'ils ne manquent pas d'intelligence, qu'ils sont vertueux et pieux, et qu'il n'y a pas ombre d'hallucination ni de mensonge dans leurs dires, cela sera très-certainement déclaré.

« Grâces en soient rendues à Dieu, nous pouvons aujourd'hui tenir cette promesse. Mais, avant tout examen et toute discussion, il nous paraît nécessaire de dessiner, au moins à grands traits, la prodigieuse scène du 17 janvier, et d'en préciser les principales circonstances. »

Sa Grandeur raconte ici l'apparition à son début.

« Dans cette foule émue, attentive, les cœurs sont partagés. S'il en est qui croient, la plupart doutent ou refusent toute croyance aux affirmations réitérées et constantes des enfants, lorsque tout à coup, pendant que se chantait le sublime cantique de l'humilité et de la foi de Marie, le *Magnificat*, une longue banderole blanche se développe sous les pieds de la belle Dame, et une invisible main y trace, en grands caractères d'or, ces mots : *Mais priez, mes enfants*. D'autres chants succédèrent au premier, et aux regards ravis des enfants apparaissent de nouvelles lettres, qu'ils épèlent et répètent vingt fois à qui mieux

mieux et à qui plus tôt; et, se rangeant à la suite des autres, ces lettres achèvent la phrase commencée, en ajoutant : *Dieu vous exaucera en peu de temps.*

« Un point resplendissant comme un soleil avait clos la ligne. Il semblait que tout fût fini. Mais non. De nouveaux cris de joie éclatent parmi les enfants : c'est l'invisible main qui reprend son mystérieux travail, et l'inscription, continuée sur une seconde ligne, se complète par ces émouvantes paroles : *Mon Fils se laisse toucher.*

« La foule, étonnée, attendrie, priait en silence. Cependant une voix se fait entendre et entonne le cantique *Mère de l'Espérance.* Et soudain la belle Dame, en qui toute l'assistance avait déjà salué l'auguste Mère de Dieu, élève, à la hauteur de ses épaules, ses mains auparavant abaissées et étendues, et remuant lentement les doigts, elle regardait les enfants avec un sourire d'une incomparable douceur.

« Mais, un peu plus tard, quel contraste inattendu! On avait entonné le cantique :

Mon doux Jésus, enfin voici le temps
De pardonner à nos cœurs pénitents,

et un nuage de tristesse couvrait les traits de la belle Dame. Elle tenait entre ses mains, en avant de sa poitrine, une croix rouge, portant un Christ, également rouge, et surmontée d'un écriteau blanc sur lequel se détachait, en lettres rouges, le nom de Jésus-Christ. Et en même temps elle remuait les lèvres et semblait prier. »

Le prélat continue un peu plus loin :

« Voilà le fait avec ses détails essentiels, le fait tel qu'il a été raconté par les quatre enfants privilégiés du Pont-main, tel aussi qu'il résulte des constatations juridiques, que nous avons ordonnées et dirigées avec tout le soin et la sollicitude que réclamait l'importance de la cause.

« Dès le mois de mars, une enquête s'ouvrit au Pont-main... Les résultats de cette enquête, dans laquelle furent entendus tour à tour, et interrogés avec le soin le plus minutieux, non-seulement les enfants eux-mêmes, mais les principaux témoins de tout ce qui s'était dit et fait dans la mémorable soirée du 17 janvier, ces résultats, disons-nous, sont consignés dans un long rapport, où se trouve reproduit dans toute son étendue chacun des interrogatoires, et qui reste déposé dans nos archives. Ils auraient pu suffire pour établir la réalité du fait; mais, fidèle à la règle que nous nous étions imposée, de ne procéder qu'avec la plus grande maturité, nous nous décidâmes à surseoir.

« Quelques semaines plus tard, nous nous trouvions nous-même au Pont-main, en cours de visites pastorales. Dans la matinée du jour de notre arrivée, les quatre enfants avaient fait les uns leur première et les autres leur seconde communion, et une heure à peine les séparait de l'instant où ils devaient recevoir les dons de l'Esprit-Saint dans le sacrement de la confirmation. Or, vous ne l'ignorez pas, N. T.-C. F., ces grands actes de la vie chrétienne ne s'accomplissent pas, dans nos religieuses campagnes, comme on a parfois la douleur de le voir dans les villes dissipées de notre pauvre France. Nous pouvions compter avec la plus entière assurance que ces chers enfants étaient parfaitement soignés et préparés par leurs bons parents, par leurs religieuses institutrices, et plus particulièrement encore par leur très-pieux et très-dévoué pasteur. Nous saisîmes ce moment si favorable pour les voir, les interroger et entendre séparément leurs réponses sur tout ce qu'ils avaient dit et tout ce qu'ils prétendaient avoir vu le soir du 17 janvier.

« Eh bien, nous pouvons l'affirmer, rien de plus calme, de plus modeste, ne peut frapper les yeux ou les oreilles ; rien de plus net non plus et de plus ferme que les déclarations successivement faites, sur ces grands souvenirs, par ces quatre enfants pleins de candeur, en ce jour et dans ce moment les plus saints et les plus solennels de leur vie.

« Un nouvel élément de conviction venait ainsi s'ajouter, en les confirmant, à ceux que nous possédions déjà ; et néanmoins, quelques mois plus tard, poussant, ce semble, jusqu'à leurs dernières limites les précautions que peut suggérer la prudence la plus sévère, nous résolûmes d'instituer une nouvelle procédure. Elle s'ouvrit à Laval même, le 5 décembre, sinon sous nos yeux, au moins dans notre demeure.

« Là, pendant trois jours, les quatre enfants du Pontmain furent soumis à des interrogatoires longs et réitérés, qui ne réussirent qu'à mettre dans une plus complète évidence leur sincérité, leur horreur pour le mensonge et la parfaite conformité de leurs réponses, non-seulement sur les phases principales et les incidents les plus notables de l'Apparition, mais jusque sur le grand nombre de détails que leurs yeux avaient pu observer.

« Vous n'auriez sans nul doute demandé rien de plus, N. T.-C. F., pour être assurés que nous n'avons négligé aucun moyen d'éclairer notre jugement et notre conscience. Une dernière épreuve cependant, une épreuve plus rigoureuse encore et plus décisive, devait succéder aux deux enquêtes canoniques. Une commission de théologiens fut chargée de soumettre à un examen approfondi les dépositions des enfants et des autres témoins, de discuter la valeur de leurs témoignages, d'assigner au fait lui-même son véritable caractère et sa cause, de résoudre, en un mot, toutes les questions qu'il peut soulever, au triple point de vue des formes juridiques, de la certitude philosophique et de la théologie. »

Il était impossible, assurément, de procéder, avec plus de garanties, et un fait soumis à de telles investigations, dont il sort vainqueur, est un fait que le pyrrhonisme le plus achevé ne saurait repousser. — Mgr de Laval continue :

« Mais il peut n'être pas sans quelque importance de noter ici, au moins en passant, plusieurs circonstances qui n'ont pas trouvé place dans ce qui précède ou qui n'ont pu y être indiquées.

« C'est, d'abord, le peu d'accueil que rencontrèrent dans la foule, malgré leur invincible persistance, les affirmations unanimes des enfants. Les uns répondaient par un rire d'incrédulité, les autres traitaient les enfants de visionnaires, les accusant d'illusion et d'erreur, sinon de mensonge. Mais lorsque, d'une même voix, ils eurent lu et relu vingt fois ces mots qui peuvent sembler prophétiques : *Dieu vous exaucera en peu de temps*, et ces autres paroles non moins consolantes : *Mon fils se laisse toucher*, il n'y eut plus d'incrédules. Un frémissement de joie agitait tous les cœurs ; un sentiment profond de foi, d'admiration et d'espérance avait subjugué les âmes.

« Notons, en second lieu, que, le jour même où toutes ces étonnantes choses se passaient au Pont-main, l'armée prussienne lançait ses avant-postes jusque dans le plus proche voisinage de Laval : et le lendemain, à deux kilomètres de la ville, se faisaient entendre les derniers coups de canon (les derniers, au moins pour nos contrées) de cette effroyable guerre qui a inondé de sang et couvert de tant de ruines le sol de notre infortunée patrie. Trois jours plus tard, les troupes ennemies disséminées sur la zone comprise entre la Mayenne et la limite orientale du département commençaient à se replier sur Maine-et-Loire et la Sarthe. Enfin les parties belligérantes concluaient un armistice et signaient les préliminaires de la paix du 28 janvier. C'était par conséquent, jour pour jour, le onzième après celui où sur la blanche banderole avaient resplendi en lettres d'or les paroles bénies : *Dieu vous exaucera en peu de temps.* — Nous citons ces faits et ces dates sans en déduire aucune conclusion. Mais il n'est personne qui, en les rapprochant de l'événement du Pont-main, n'ait été frappé de l'exacte concordance des paroles que nous venons de rappeler avec les circonstances décisives qui ont immédiatement suivi l'événement lui-même.

« Vous n'avez certainement pas oublié, N. T.-C. F., mais il est bon néanmoins de redire ici, avec quelle ardeur et quelle allégresse furent recueillis et répétés les premiers récits qui circulèrent dans le public. Le nom du Pont-main était dans toutes les bouches. Une relation de l'événement, publiée avec notre permission [1], fut demandée et recherchée avec un empressement presque sans exemple, et en quelques mois plus de vingt mille exemplaires se trouvèrent répandus sur tous les points de la France, tandis que la presse étrangère en multipliait les traductions en Suisse, en Italie et en Angleterre.

« Et, pendant ce temps, que se passait-il aux lieux mêmes où s'étaient accomplies ces grandes choses ? On venait de près, on venait de loin, visiter, prier, s'édifier. La foi des peuples et leur confiance croissaient et s'étendaient de plus en plus. Des paroisses presque tout entières, leurs pasteurs en tête, venaient solliciter des bénédictions et des grâces de tout genre, et s'en retournaient, presque toujours, touchées, consolées, réjouies. Il y avait jusqu'à vingt, jusqu'à trente, et parfois jusqu'à près de cinquante messes par jour, et, à la plupart de ces messes, des communions souvent en grand nombre. Des visiteurs de toute condition, des familles considérables, écrivaient leurs noms sur le registre du pèlerinage, demandant avec instance qu'il fût donné suite au projet déjà conçu d'éle-

1. Celle de M. l'abbé Richard.

ver en ce lieu béni un monument à la sainte Mère de Dieu, et laissaient en partant, ou bien, de retour dans leurs foyers, envoyaient, en signe de reconnaissance pour des bienfaits obtenus, des offrandes destinées à concourir à l'érection du monument désiré.

« Nous pourrions ajouter ici plus d'un fait particulier digne de toute attention; mais ce n'est pas, croyons-nous, le moment d'en parler. Ce moment viendra à son tour; et nous aimons mieux aujourd'hui *ne chercher les preuves de l'Apparition* que dans l'Apparition elle-même, c'est-à-dire dans le témoignage des quatre jeunes enfants, admirablement corroboré par les témoignages que leur rendent à eux-mêmes les nombreuses personnes qui ont déposé, sous la foi du serment, dans les diverses enquêtes. »

Ici vient le témoignage sur la piété et la véracité des jeunes voyants. Monseigneur examine si l'imagination peut expliquer le fait :

« Peut-être ces enfants, au souvenir du double prodige de Lourdes et de la Salette, ont-ils conçu la pensée et l'espoir de voir un jour quelque chose de semblable. — Non. Aucun d'eux n'a lu un récit circonstancié de ces prodiges; aucun n'a vu une seule des images ou représentations, si répandues cependant, qu'en ont données la gravure et la statuaire. Le peu qu'ils avaient su de ces apparitions, antérieures l'une et l'autre à leur entrée dans la vie, ne s'était conservé dans leur mémoire que comme un souvenir à demi effacé, et, pour toute réponse à la question qui leur était adressée, l'un des jeunes garçons et l'une des petites filles disaient à peu près dans les mêmes termes : *Je n'espérais voir la sainte Vierge qu'au ciel.*

« L'apparition imaginée par les enfants ! Mais est-il personne qui ne voie, au premier coup d'œil, à quelles invraisemblances, pour ne pas dire à quelles impossibilités morales, vient se heurter une semblable supposition? Il s'agit, ne l'oublions pas, d'enfants de dix à douze ans. Ils sont (au moins trois d'entre eux) d'une constitution plutôt lymphatique que nerveuse, d'un caractère parfaitement tranquille et peu facile à émouvoir. Tous ont été élevés dans la simplicité qui convient à leur âge, et à la modeste condition de leurs familles ; et les facultés de leur âme, l'intelligence, l'imagination, la mémoire, ont reçu à peine le commencement si limité de culture que peut offrir une école primaire de village. Et pourtant c'est par ces imaginations si jeunes et si peu cultivées qu'aurait été créé ce splendide tableau, avec ses aspects changeants, ses phases multiples et si variées, avec cette multitude de circonstances toutes également extraordinaires, se succédant dans un ordre merveilleux, et, par une coïncidence plus merveilleuse encore, répondant (du moins quelques-unes des plus remarquables d'entre elles) au sens des prières chantées par la foule, non sur leur demande, mais sur l'ordre du pasteur de la paroisse et sous la direction des Sœurs institutrices ! Et ces enfants, en qui il faudrait bien, en dépit de leur jeunesse, reconnaître un certain degré d'habileté et de prévoyance, auraient osé affronter l'éclat et la solennité d'une épreuve sur la place publique, pour y débiter leur fabuleuse invention, non en société d'un petit nombre de leurs compagnons d'enfance, mais en présence de quiconque voudrait entendre leurs étranges récits? Et ils auraient su soutenir leur rôle pendant deux et trois heures, sans que le moindre désaccord, la plus légère hésitation, aucun indice d'aucun genre, eût trahi leur imposture! Ils auraient réussi, au contraire, grâce à l'apparente sincérité d'une joie et d'un enthousiasme menteurs, non-seulement à captiver et à retenir comme sous un charme, durant ces longues heures et malgré les rigueurs du froid, les cinquante ou soixante témoins de tout âge et de toute condition qui se pressaient autour d'eux, mais encore à triompher de leurs doutes, de leur méfiance, ou, pour mieux dire, de leur incrédulité ! »

Les enfants n'ont pu s'entendre, combiner une fable de ce genre. Monseigneur le montre victorieusement. Sa Grandeur continue :

« Presque à la dernière heure, au moment où s'achevait le travail que nous vous livrons aujourd'hui, nous avons voulu entendre nous-même une dernière fois plusieurs des témoins appelés à l'enquête du mois de mars.

« Ce sont d'abord les Sœurs institutrices, dont nous avons constaté, avec un soin rigoureux, le zèle et l'intelligente vigilance. L'une et l'autre ont affirmé avec serment que, ni le jour où le fait s'est produit, ni les jours précédents, les quatre enfants n'ont eu entre eux ni rapports particuliers ni aucune communication. L'une d'elles avait dit auparavant : *Je signerais de mon sang que les enfants ne se sont pas concertés entre eux;* et l'autre : *C'est le cri de ma conscience que les enfants n'ont subi d'aucun côté aucune influence.*

« Le vénérable curé qui administre la paroisse du Pontmain depuis plus de trente-cinq ans, M. Michel Guérin, que ses vertus bien plus encore que ses années recommandent au respect de tous, interrogé à son tour, nous répondit : *J'atteste devant Dieu qu'il est impossible que les enfants se soient concertés. Devant Dieu j'affirme qu'ils n'ont ni été trompés ni voulu tromper.* »

Suit une démonstration complète, par d'autres preuves encore, que les enfants étaient incapables de mentir. Le mandement poursuit :

« Soit, pourrait-on dire. Mais s'ils n'ont pas voulu tromper, d'autres ont pu les tromper eux-mêmes, en leur suggérant l'erreur où ils sont tombés. L'imagination ardente fait aisément accepter, surtout à des enfants, des fables pleines de prestiges. — Nous le voulons bien. Mais où trouverez-vous ces imaginations ardentes et ces coupables instigateurs dans l'humble et obscur village du Pont-main? Les deux petites filles étaient pensionnaires des Sœurs institutrices, l'une depuis l'âge de cinq ans et demi, l'autre depuis l'âge de trois ans; elles vivaient donc à peu près en dehors de tout contact avec les personnes étrangères à l'établissement; et les jeunes garçons, élèves externes de ce même établissement, formés dès lors aux salutaires habitudes du travail si bien conservées dans nos campagnes, passaient sous les yeux de leur père, et en partageant son labeur, les heures de loisir que leur laissait l'école.

« Quels étaient, d'ailleurs, les guides, les directeurs, les conseillers de tous les jours, qui suivaient seuls, en toute occasion, ces dociles enfants? C'étaient uniquement leurs parents, leurs institutrices et leur vénérable pasteur. C'est par conséquent sur eux, ou du moins sur l'un d'eux, qu'il faudrait, contre toute raison et toute évidence, faire tomber l'horrible accusation d'avoir ourdi une si indigne et si criminelle trame. Nous vous le demandons à vous-mêmes, N. T.-C. F., est-ce chose admissible, ou même supposable? »

Voici maintenant le témoignage de la science :

« Mais il est une autre question qui se pose comme d'elle-même, et qui, au jugement d'un grand nombre, pourra paraître importante entre toutes. Ces enfants n'ont-ils pas été les jouets d'une illusion des yeux ou d'une hallucination ? Cette question, nous ne le dissimulons pas, N. T.-C. F., dès les premiers jours nous parut sérieuse, et, trop incompétent pour la résoudre seul, nous comprîmes dès lors qu'une commission médicale, aussi sûre et savante que les circonstances nous permettraient de la former, auraient à nous prêter le concours de sa bonne volonté et de ses lumières.

« Cette commission s'est aisément trouvée, et le 5 décembre, se réunissaient à l'évêché MM. les docteurs Gustave Régnault, professeur à l'école de médecine de Rennes, Anatole Bucquet, président du conseil d'hygiène du département, Émile Ponthault, médecin des hôpitaux de Mayenne, pour procéder à l'examen de la question spéciale que nous venons d'énoncer, et qui appartient essentiellement, et presque sous tous ses aspects divers, au domaine de la physiologie et de la médecine. Là, en notre présence et en celle des membres de la commission désignée ponr la seconde enquête, se présentèrent et furent examinés et interrogés, l'un après l'autre, les quatre enfants, uniques témoins oculaires du fait de l'apparition.

« Dans le docte travail qui résume leurs observations et expose les appréciations de chacun, les médecins déclarent, à l'unanimité, qu'il est impossible d'expliquer le fait par une affection morbide des yeux.

« Les yeux des enfants, ajoutent-ils, sont dans l'état le plus satisfaisant; et d'ailleurs aucune affection connue de l'appareil visuel ne saurait produire un semblable effet.

« La possibilité d'une illusion d'optique leur paraît également devoir être écartée, en l'absence de toute cause capable d'en provoquer. Aucun point lumineux n'existait ni à l'horizon ni au voisinage.

« Les enfants, dont rien n'avait à l'avance surexcité l'imagination, voyaient tous simultanément le même objet, et l'indiquaient tous en même temps sans s'être fait part de leurs impressions particulières. Rien, par conséquent, ne peut faire songer à une illusion résultant, chez quelques-uns de ces enfants, du désir même de voir le fait extraordinaire dont leurs petits camarades prétendaient être les témoins.

« Mais pourrait-on admettre l'existence d'une hallucination de la vue?

« Les médecins, d'un commun accord, ont également repoussé cette hypothèse, suivant laquelle une hallucination se serait produite simultanément, avec la même forme, de la même manière, pendant le même temps et un temps aussi long (trois heures), chez quatre individus. Ils voient dans l'hallucination le résultat d'un état anormal et morbide du cerveau qui reste personnel, non communicable, et rejettent d'une manière formelle une interprétation aussi déraisonnable que celle d'après laquelle on voudrait, chez des sujets différents d'humeur, d'allure et de constitution, généraliser un pareil fait.

« Les médecins concluent donc qu'on ne saurait en aucune façon expliquer le récit de ces enfants ni par l'existence d'une affection morbide des yeux, ni par une illusion d'optique, ni par le fait d'une hallucination. »

... « Mais ne reste-t-il plus aucune difficulté à prévenir ou à résoudre, aucune ombre à dissiper ? N'y a-t-il pas quelque autre hypothèse encore dont on puisse s'armer, sinon pour ébranler la certitude de l'Apparition elle-même, du moins pour en dénaturer l'origine et le caractère? Cette apparition n'est-elle pas, peut-être, une illusion fantastique produite par quelqu'un de ces prestiges, tels qu'on en trouve plus d'un exemple dans nos livres sacrés, et dont l'auteur n'est autre que Satan, le père du mensonge? Ce n'est ici ni le temps ni le lieu d'entrer dans un long examen des signes auxquels se reconnaissent les opérations diaboliques, et moins encore d'entreprendre une discussion théologique pour montrer quelle puissance Dieu a laissée aux anges des ténèbres, et dans quelles limites cette puissance peut s'exercer. Nous demanderons seulement par quel motif, pour quelle fin, dans quel intérêt, aurait agi l'esprit séducteur en faisant apparaître dans les airs cette femme mystérieuse, avec son brillant cortége d'étoiles se rangeant, avec une sorte de respect, sous ses pieds et autour de sa tête. Eh quoi! c'est lui, c'est Satan, qui aurait provoqué cet admirable concours de supplications et de louanges qui, pendant de longues heures, n'a cessé de monter vers le trône de Dieu? C'est lui qui aurait excité et les enfants et la foule à prier, et à prier encore! C'est lui, l'éternel ennemi de Dieu et des hommes, qui aurait de sa main tracé ces paroles : *Dieu vous exaucera en peu de temps?* Et c'est cette infernale main encore qui aurait ajouté : *Mon Fils se laisse toucher;* pour révéler, quelques instants après, le nom de ce fils lui-même en écrivant en lettres de sang, au-dessus de l'image du divin Crucifié : JÉSUS-CHRIST! Satan se serait fait le héraut et l'apôtre de la glorieuse maternité divine de Marie! Mais *comment se maintiendrait debout son empire*, s'il travaillait ainsi lui-même à le détruire? Non, non ; une telle interprétation est absolument inadmissible. Satan est, et sera à jamais, l'ennemi juré de Marie et de son culte. Et nous, Frères bien-aimés, nous continuerons, à la vie et à la mort, de la bénir, d'exalter sa miséricorde et sa puissance, et de l'invoquer, avec une ardeur chaque jour renouvelée et plus vive de foi, d'espérance et d'amour.

« Notre tâche est accomplie, N. T.-C. F.; il ne nous reste plus qu'à conclure.

« A ces causes, et le saint nom de Dieu invoqué :

« Vu les procès-verbaux des deux commissions successivement chargées d'informer sur le fait de l'apparition de la Sainte Vierge au Pont-main, et ceux des compléments d'enquête faits le 19 janvier et le 20 et le 21 du même mois ;

« Vu le témoignage écrit des docteurs-médecins appelés à émettre leur jugement sur les circonstances qui sont du domaine de la science médicale et physiologique ;

« Vu le rapport et l'avis de la commission de théologiens chargée d'étudier le fait précité au point de vue de la théologie, de la certitude philosophique et des formes juridiques :

« Considérant que l'Apparition ne peut être attribuée ni à la fraude ou à l'imposture, ni à un état maladif des organes de la vue chez les enfants, ni à une illusion d'optique, ni à une hallucination ;

« Considérant qu'il ne peut pas davantage s'expliquer par l'action des puissances diaboliques ;

« Considérant d'ailleurs qu'il porte, en lui-même et dans l'ensemble des circonstances qui l'ont accompagné et suivi, le caractère d'un fait de l'ordre surnaturel et divin :

« Avons déclaré et déclarons ce qui suit :

« Art 1er. — Nous jugeons que l'immaculée Vierge Marie, Mère de Dieu, a véritablement apparu, le 1 janvier 1871, à Eugène Barbedette, Joseph Barbedette, Françoise Richer et Jeanne-Marie Lebossé, dans le hameau du Pont-main.

« Nous soumettons, en toute humilité et obéissance, ce

jugement au jugement suprême du Saint-Siége Apostolique, centre de l'unité et organe infaillible de la vérité dans toute l'Église.

« Art. 2. — Nous autorisons dans notre diocèse le culte de la bienheureuse Vierge Marie sous le titre de *Notre-Dame d'Espérance du Pont-main.*

« Art. 3. — Nous nous réservons expressément l'approbation de toute formule de prière, de tout cantique, de tout livre de piété, ayant rapport à l'apparition, et nous défendons de publier aucun récit de ce genre sans notre approbation préalable, donnée par écrit.

« Art. 4. — Répondant aux vœux qui nous ont été exprimés de toutes parts, nous avons formé le dessein d'élever un sanctuaire en l'honneur de Marie sur le terrain même au-dessus duquel elle a daigné apparaître. »

Après la décision de Monseigneur concernant l'apparition, nous mettrons sous les yeux du lecteur l'éloge du vénéré Michel Guérin, prononcé par M. le curé doyen de Landivy, le jour du service célébré pour le défunt. Nous le citons textuellement.

M. Michel Guérin, curé du Pont-main, né à Laval en 1801, est mort le 28 mai 1872, après 43 ans de sacerdoce et 36 ans de ministère pastoral, dans la petite paroisse du Pont-main, au doyenné de Landivy. Pendant la durée presque entière de son ministère, sa vie toujours laborieuse, régulière et vraiment sacerdotale, ne fut point mise en évidence ; il n'y a pas deux ans, ce bon prêtre n'était guère connu que de ses paroissiens, qui tous l'aimaient, et de ses confrères de la contrée, qui le visitaient avec bonheur et avec édification, et des habitants des paroisses voisines, qui ne parlaient jamais qu'avec le plus grand respect du bon curé du Pont-main.

L'événement du 17 janvier 1871 vint seul donner quelque retentissement à son nom et mettre en un plus grand jour les vertus pastorales qui, pour être ordinaires dans le diocèse de Laval, chez les curés de nos plus humbles paroisses, sont souvent peu remarquées ou du moins ne rayonnent que dans un cercle bien restreint.

Quoique l'on ne parlât point, avant le grand événement de l'apparition, de l'excellent curé dont la vie se passait sans bruit dans l'exercice assidu d'un saint zèle pour la gloire de Dieu et le salut des âmes, il avait toujours mérité d'être cité, entre ses confrères dans le sacerdoce, comme un modèle.

Il se donnait tout à sa paroisse qu'il avait créée. Nommé, en 1829, vicaire de Saint-Ellier, chef-lieu paroissial, à cette époque, de tout le territoire qui comprend Saint-Ellier et le Pont-main, comme il en reste encore le chef-lieu civil, ce jeune prêtre remarqua bientôt le dommage spirituel qu'éprouvaient les habitants du Pont-main de ne point avoir un prêtre qui vécût au milieu d'eux, pour exercer une vigilance continuelle, et dont la présence amenât près d'eux, dans une modeste église, le divin Consolateur de toutes les peines, N.-S. J.-C. Aussi son zèle s'enflamma pour ce bon peuple en qui il trouvait déjà sympathie et il parvint malgré les obstacles de tout genre à s'installer au Pont-main dans une bien chétive habitation.

Il s'était résigné à tous les sacrifices et se trouvait satisfait d'un modique traitement de Vicaire, jusqu'au jour bien incertain où il obtiendrait l'érection d'une succursale. C'était l'œuvre de Dieu. Une dame généreuse que Dieu appela à lui quelques jours seulement avant l'apparition du 17 janvier et la bonne volonté des nouveaux paroissiens secondèrent les intentions du jeune prêtre dévoué qui se donnait au Pont-main. Ces heureux habitants avaient leur prêtre et ce prêtre était tout à eux. Toujours au milieu de ses ouailles il savait veiller à tout, et en se faisant aimer il savait faire aimer le bon Dieu. Ingénieux à former son peuple à de saintes pratiques, il leur faisait aimer la prière, et plus qu'ailleurs il y avait au Pont-main, sous ce rapport, d'édifiantes habitudes que la sainte Vierge connaissait.

Les sacrifices personnels pour la maison de Dieu étaient toute sa vie sacerdotale, une éloquente prédication bien efficace, mais il aimait son église du Pont-Main. Il avait aussi voué un ardent amour à la sainte Église, la mère de tous les chrétiens, qu'il gémissait de voir en butte à d'incessantes attaques. Le bon prêtre aimait d'un amour vraiment filial notre Saint-Père le Pape, et sa douce et profonde piété lui inspirait aussi une véritable vénération pour son évêque. Sa nouvelle dignité de chanoine le rendit reconnaissant, mais elle le laissa dans son humilité ordinaire. Sa mort est un deuil général pour les paroissiens qui perdent le meilleur des pères ; pour ses confrères voisins qui tous l'aimaient et pour les pèlerins, prêtres et laïques, qui distinguaient bientôt en lui un prêtre remarquable à la fois par ses qualités aimables et par une vraie piété.

Heureuses les paroisses qui possèdent longtemps un pasteur selon le cœur de Dieu, qui, comme le vénéré curé du Pont-main, a consacré toutes ses pensées pour le bien des âmes !

Après la mort du pieux Michel Guérin, la cure du Pont-main fut confiée au zèle et au dévouement de M. l'abbé Lemaître. Mais une autre décision intervint et ce fut aux religieux oblats de Marie que S. G. Monseigneur de Laval remit le soin de la paroisse du Pont-main et avec elle le service du pèlerinage. L'installation de trois religieux eut lieu le mardi 1er octobre, et Monseigneur les mit en possession du presbytère et de l'église. Leur présence au Pont-main doit être pour tous une source de bénédiction.

FIN.

TABLE DES MATIÈRES

FIN DE LA TABLE DES MATIÈRES.

Imprimerie Eugène HEUTTE et Cie, à Saint-Germain.

ques argent, vermeil, métal. — Cassolettes avec peinture sur nacre et sur verre représentant les diverses apparitions.

Statuettes en porcelaine, — en biscuit peint et parfaitement soignées avec étoiles d'or, depuis 75 c. jusqu'à 10 f.

Statues en plastique, depuis 15 c. jusqu'à 15 fr.

Statues polychromées ou décorées, depuis 2 fr. jusqu'à 50 fr.

Statues en bronze de toute grandeur. On les fait sur commande à partir de 40 centimètres.

Lithographies de toutes les apparitions, ensemble ou séparément.

Gravures, images noires et coloriées avec ou sans dentelles.

Chromo magnifiques de l'apparition du Pont-main. Cette image est double et on y trouve la photographie des quatre enfants dans de délicieux médaillons dus au crayon de nos bons artistes et la photographie de la maison Guidecoq. Ce joli souvenir de pèlerinage est enrichi d'une prière composée par Mgr l'évèque de Nantes qui y a attaché une indulgence.

Relation de l'apparition, brochure illustrée de photographies, depuis 3 fr.

Récit de l'Événement du Pont-main, par M. l'abbé Richard, 30 c.

Impressions d'un pèlerin au Pont-main, par le P. Vandel. 0 fr. 80.

La Salette, Lourdes et le Pont-main, par le comte Lafond. 3 fr. 50.

Notre-Dame du Pont-main, par M. l'abbé Postel. 3 fr. 50.

Notre-Dame d'Espérance du Pont-main, par M. Alfred de Perrois. 2 fr.

Dépôt de la *Vie du Curé d'Ars* et de divers ouvrages religieux.

Vie de M. Michel Guérin, curé du Pont-main, 2 fr. 50.

Vie de M. Michel Guérin, ouvrage illustré des photographies des principaux personnages qui figurent dans ce volume.

IMPRIMERIE EUGÈNE HEUTTE ET Cᵉ A SAINT-GERMAIN.

A LA MÊME LIBRAIRIE

R. P. STUB .... Le Prêtre auprès des malades et des mourants. 1 vol. in-12. Cet ouvrage est revêtu de plusieurs approbations épiscopales. 2e édition. Prix. 2

DUPONT .... Méditations. 4 vol. in-8. Prix ....

— Guide spirituel. 2 forts vol. in-12. Prix ....

L'AUXILIAIRE du Clergé des villes et des campagnes. 7 vol. in-18. Prix

VIEYRA .... Sermons. 2 vol. in-12. Prix 6

BOUVIER .... La vraie Connaissance du cœur de Jésus-Christ. 1 vol. in-12. Prix 3

— Le Catéchiste de Persévérance. 2 v. in-8. Prix. 8

PILGRAM .... Physiologie. 1 vol. in-12. Prix 4

E. LA RENIERE ... Une Femme forte et une Mère. 1 v. in-12. Prix. 3

INSTITUTIONES PHILOSOPHICÆ auctore P. 2 vol. in-12. Prix 6

LE CATÉCHISME du Bon Pasteur, ou le Livre des Familles catholiques. 2 vol. in-12. Prix 4

J. DARCHE .... Saint Georges, martyr, 1 vol. in-12. Prix 3

BEUVELET .... Méditations. 3 vol. in-8. Prix 9

BUSSY (de) .... Les Révoltés contre l'Église. 2 vol. in-8. Prix. 7

— Le Livre des Familles. 1 vol. in-12. Prix 2

ALTER (l'abbé) .... Vie de Sainte Eugénie. 1 vol. in-8. Prix. 6

R. P. BAKER .... Le pieux Communiant. In-18. Prix 90

BONHOMME (l'abbé). Catéchisme romain de César de Bus. 4 vol. in-12. Prix 12

— Vie de Rancé. 1 vol. in-12. Prix ....

GUILLOIS .... Explication du Catéchisme. 4 vol. in-12. Prix .. 12

GUYARD .... Vie de Saint Antoine de Padoue, avec portrait. 1 vol. in-8. Prix 7

M. BOCCARD .... Histoire des Reliques de Saint Augustin. In-12. 1

JAVAL .... Raisons de croire et Prétextes de ne pas croire. 1 vol. in-8. Prix 6

[illegible]OURGEZ .... Le Symbole des Apôtres. 1 vol. in-12. Prix .. 2

[illegible]URE (l'abb[illegible]) .... Le Mystère de la souffrance. 1 vol. in-12. Prix. 3

[illegible]SSILLON .... Œuvres complètes. 3 vol. in-4. Prix .... 27 »

Voyage autour de mon Parterre. In-12. Prix .. 2

[illegible]ue vengée. 1 vol. in-12. Prix 3 50

[illegible]litique, scènes, récits, portraits. 1 v. in-12. 3 50

[illegible]licateur paroissial. 3 vol. in-12. Prix .. 6

[illegible] du Vatican. 1 vol. in-12 Prix 3

[illegible]vert à Philagie. 1 v. in-12. Prix. 3 50

[illegible] 2 vol. in-18. Prix 3

[illegible]ettres à un jeune Homme. 40

[illegible]opagite. 1 vol. in-8. 8

[illegible] 1 vol. in-8 ... 6

[illegible]SIÈCLE

[illegible]nnement

[illegible]er à la[illegible]

www.ingramcontent.com/pod-product-compliance
Ingram Content Group UK Ltd.
Pitfield, Milton Keynes, MK11 3LW, UK
UKHW021131260726
13994UKWH00001B/98

9 782019 930004